岗位技能培训手册系列

班组长岗位
培训手册

—

弗布克培训运营中心
编著

U0319504

 化学工业出版社
·北京·

内容简介

《班组长岗位培训手册》是一本"拿来即用"的班组长管理培训手册。"拿来即学""拿来即参""拿来即改""拿来即查"是本书的特色。

本书通过流程、制度、方案、规范、报告、办法等将班组管理工作逐一细化，涵盖了高质量供给、产业融合、数智设备、供给侧结构性改革等班组管理的全新内容，让培训者和使用者一学就会、一做就对。

本书适合生产部经理、车间主任用于对班组长的培训工作，也适合班长、组长、班组员工等班组基层人员用于提升自我技能时阅读和使用。

图书在版编目（CIP）数据

班组长岗位培训手册/弗布克培训运营中心编著. —北京：
化学工业出版社，2023. 7
　（岗位技能培训手册系列）
　ISBN 978-7-122-43329-9

　Ⅰ.①班… Ⅱ.①弗… Ⅲ.①班组管理-岗位培训-手册
Ⅳ.①F406. 6-62

中国国家版本馆 CIP 数据核字（2023）第 068241 号

责任编辑：王淑燕
文字编辑：尉迟梦迪
责任校对：边　涛
装帧设计：史利平

出版发行：化学工业出版社
　　　　　（北京市东城区青年湖南街 13 号　邮政编码 100011）
印　　装：大厂聚鑫印刷有限责任公司
710mm×1000mm　1/16　印张 12¼　字数 222 千字
2023 年 9 月北京第 1 版第 1 次印刷

购书咨询：010-64518888
售后服务：010-64518899
网　　址：http://www.cip.com.cn
凡购买本书，如有缺损质量问题，本社销售中心负责调换。

定　　价：69. 00 元

　　"十四五"时期,中国大力实施"技能中国行动",健全技能人才培养、使用、评价、激励制度,健全"技能中国"政策制度体系和实施"技能提升""技能强企""技能激励""技能合作"四大行动。

　　技能是立业之本。在"技能提升"和"技能强企"行动中,企业的各个岗位人员,都需要不断强化岗位技能,提升工作能力,为企业创造价值贡献力量。为此,基于岗位,立足业务,面向管理,我们推出了这套"岗位技能培训手册系列"图书。

　　我们将班组长岗位业务内容和管理目标细化为流程、制度、方案、规范、报告、办法等,以达到"拿来即学""拿来即参""拿来即改""拿来即查"的目的,从而达成"拿来即用"的目标。

　　《班组长岗位培训手册》是此系列图书中的一本。通过方法、方案、制度、规范、规程、要点,将班组长的8项管理工作逐一展开,涵盖了作业计划制订与执行、生产现场改善与5S管理、设备与工具管理、物料领用与使用管理、质量控制与改进、安全管理、成本与费用管控、团队建设与人员管理等班组长工作的全部内容。

　　本书具有以下4个特点。

　　1. 通过管理的规范化,助力班组的生产安全管理,预防事故,严格坚守安全第一的生产理念。

　　2. 通过操作的规程化,规范班组员工的操作标准,合规生产,严格落实依规操作的生产要求。

　　3. 通过执行的方法化,提高生产工作的推进效能,降本增效,严格执行效率优先的生产方针。

　　4. 通过管控的制度化,约束班组员工的生产行为,强化意识,严格贯彻遵规守纪的生产承诺。

本书的电子课件可免费提供给采用本书作为培训教材的教师使用，如有需要请联系 357396103@qq.com，欢迎广大读者提出宝贵意见，以供改正。

弗布克培训运营中心
2023 年 2 月

目录

第3章　班组设备与工具管理　　　　046

第4章　班组物料领用与使用管理　　　069

第5章　班组质量控制与改进　　106

第6章　班组安全管理　　129

第 7 章　班组成本与费用管控　　　　161

第 8 章　班组团队建设与人员管理　　　　169

第 1 章

班组作业计划制订与执行

作业计划编制与执行

班组是一个企业最基本的单位，班组长是企业的"兵头将尾"，班组长要根据车间主任的要求，统筹协调班组的设备、物料和人员，编制出科学合理、目标统一的班组生产作业计划，并有效推动计划的执行，这样有利于实现企业基层管理的精细化，提高企业的生产效益。

1.1.1 班组月、周、日生产计划编制

明确月度生产计划的编制依据，有利于班组长编制月度生产计划，再将月度生产计划有序地拆分，有利于形成更为精细的周别与日别生产计划，提升班组生产作业的效率。

（1）月度生产计划编制依据

班组月度生产计划编制依据如图 1-1 所示。

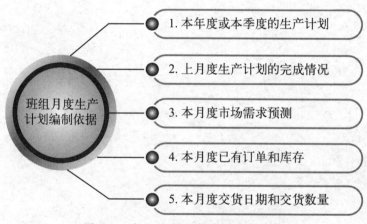

图 1-1　班组月度生产计划编制依据

（2）编制班组月度、周别、日别生产计划表

① 班组月度生产计划表如表 1-1 所示。
② 班组周别生产计划表如表 1-2 所示。
③ 班组日别生产计划表如表 1-3 所示。

表 1-1　班组月度生产计划表

月度：_____年_____月

序号	产品名称	产品生产总量	本月计划生产数量	使用物料数量	生产人数	生产设备数	计划生产日期		备注
							开始时间	完成时间	
1									
2									
3									
4									
总计									
车间主任审核				生产部经理审核					

填表人：

填表日期：_____年_____月_____日

表 1-2　班组周别生产计划表

周别：_____月　第_____周

序号	订单号	工令号	客户名	型号	规格	生产量	计划时程						
							周一	周二	周三	周四	周五	周六	周日
1													
2													
3													
合计													

填表人：　　　　　　　　　　审核人：

填表日期：_____年_____月_____日

备注：1.此表可依据月度生产计划的执行情况加以修订。
　　　2.依据产品所要求的标准时间制订计划时程。
　　　3."计划时程"栏内注明计划产量。

表 1-3　班组日别生产计划表

填表日期：____年____月____日

起止时间	产品编号	计划（累计）	实绩（累计）	差异
____:____～____:____				
____:____～____:____				
____:____～____:____				
____:____～____:____				

填表人：　　　　　　　　　　审核人：

填表日期：_____年_____月_____日

备注：1.当日下班前班组长填写次日生产计划。
　　　2.可以使用看板，将该表放置在部门办公室门前。
　　　3.按时间段（或产品类别）记录实绩。

1.1.2 班组作业计划执行

班组作业计划的执行程序是班组作业计划中各项内容的具象体现和有机统一，班组长制订简明扼要的作业计划程序和把握程序中的关键点，有利于组织班组员工高效地实施生产作业。班组作业计划执行程序及关键问题如图 1-2 所示。

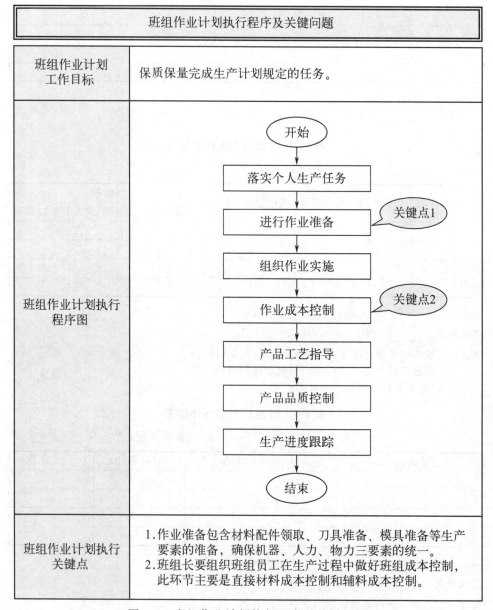

班组作业计划执行程序及关键问题	
班组作业计划 工作目标	保质保量完成生产计划规定的任务。
班组作业计划执行 程序图	开始 ↓ 落实个人生产任务 ↓ 进行作业准备 —— 关键点1 ↓ 组织作业实施 ↓ 作业成本控制 —— 关键点2 ↓ 产品工艺指导 ↓ 产品品质控制 ↓ 生产进度跟踪 ↓ 结束
班组作业计划执行 关键点	1.作业准备包含材料配件领取、刀具准备、模具准备等生产要素的准备，确保机器、人力、物力三要素的统一。 2.班组长要组织班组员工在生产过程中做好班组成本控制，此环节主要是直接材料成本控制和辅料成本控制。

图 1-2　班组作业计划执行程序及关键问题

1.1.3　班组作业计划影响因素分析

内因决定班组作业计划，外因影响班组作业计划，班组长应把握影响班组作业计划的内因和外因，一般而言，管理因素和生产因素是内因，而供给因素和市场因素则是外因。班组作业计划影响因素描述及分析如图1-3所示。

1．管理因素	班组长的科学管理是连接班组物力和人力之间的纽带，影响生产计划实施的班组常见管理问题有员工偷懒、加班冲突、任务分配不合理等问题，班组长应通过解决管理问题提升自身的管理能力
2．生产因素	生产因素主要包括员工培训不到位引起的质量问题和效率问题、机器故障引发的停工损失、工艺水平不高引起的返工问题等。班组长应在规定时间内，汇总并解决此类问题后再组织生产
3．供给因素	供给因素主要表现为物料供应商不能及时供货导致的停工损失。班组长应利用其他现有的物料组织做好转产工作，同时对供应商实施催货工作
4．市场因素	市场因素主要由市场上同类产品的供给情况、替代品的出现和消费者需求变化等因素构成，班组长应及时向市场部了解市场需求的变化情况，合理变更生产计划

图1-3　班组作业计划影响因素描述及分析

值得一提的是，在市场发展成熟化、企业竞争白热化和产品类型同质化的今天，消费者对于高质量、个性化产品的需求愈发旺盛，企业只有顺应市场需求变化规律，提高产品的质量和个性化程度，才能赢得市场。

班组是企业供给侧结构性改革的核心发力点，班组长以提高产品质量为目标，在重点注意内因的同时，切不可忽略外因对班组作业的影响，必要情况下可内外因素并重，结合产品和班组实际情况，分析和统筹各种影响因素，制订完备的班组作业计划。

1.2
作业计划分析与变更

做好班组作业计划的分析与变更工作，是一个合格班组长需具备的基本技能。班组长应分析上月班组作业计划的计划完成数量和实际完成数量之间的差异，找出差异的原因，分析薄弱环节和问题点，在补短板的过程中及时做好班组作业计划的变更工作。

1.2.1　班组作业计划差异分析

班组长分析和探究班组作业计划的差异之前，要明确班组作业计划差异表现在哪里，然后再找出差异的原因，并进行有效分析，确保在下次制订作业计划的时候，规避已经发现的导致差异的原因，制订出科学合理的生产计划。

（1）作业计划差异

班组常见的作业计划差异主要表现为实际产量与计划产量之间的差异，班组作业计划差异如图 1-4 所示。

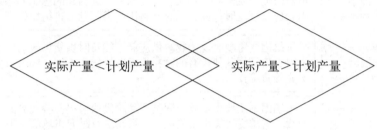

图 1-4　班组作业计划差异

（2）作业计划差异原因

在实际的班组作业中，应重点探究实际产量小于计划产量的原因，常见的实际产量小于计划产量的原因如表 1-4 所示。

表 1-4　常见的实际产量小于计划产量的原因

原因名称	详细描述
计划目标过高	班组长在制订作业计划之前,没有参考行业平均劳动生产率,或是参考的行业平均劳动生产率存在失去时效性问题,同时没有分析生产的相关因素
工艺过于复杂	班组在提升产品工艺的过程中,缺乏试生产阶段得出的各种量化指标,往往会导致由于工艺过于复杂造成的返工现象
现场管理混乱	现场管理混乱是导致产品低质量、低效率、高成本、适应能力差的重要因素,班组员工无秩序地参与现场管理的工作,导致效率低下、耗时过多,最终导致用于生产的时间相对减少
物料供应不上	物料供应商发货延迟、物料管理中发生损毁等原因导致计划外的停工损失,影响生产进度,进而影响实际产量
出现质量问题	质量改进失败、班组员工不规范生产、原材料质量差等原因导致成品的质量不符合客户的质量要求

1.2.2 班组作业计划变更

班组作业计划的变更通常是由客户发起的，上级部门对客户提出的变更要求进行评审后，将作业计划变更指令下发车间主任，班组长根据车间主任的要求，应迅速制订班组作业变更计划。班组作业计划变更流程如图1-5所示。

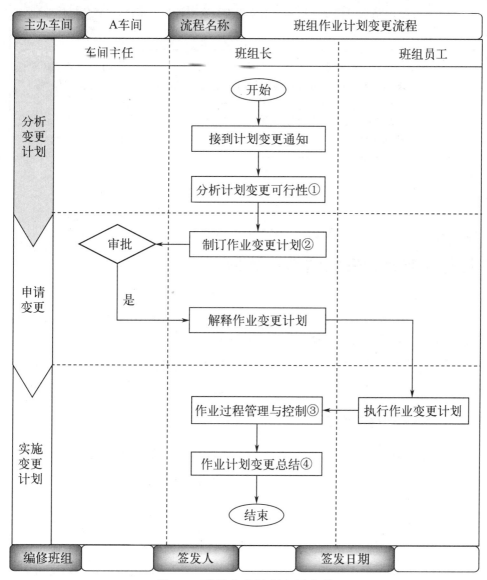

图1-5 班组作业计划变更流程

班组作业计划变更流程关键节点说明如表1-5所示。

表 1-5　班组作业计划变更流程关键节点说明

关键节点	相关说明
①	班组长根据上级部门传达的客户要求,结合班组作业的实际情况初步分析变更计划的可行性,收集并解决计划变更带来的问题
②	严格按照作业计划制订的流程进行变更计划的制订,注意分析作业计划的影响因素
③	作业过程管理与控制包含生产现场管理、设备管理、物料管理、质量管理、安全管理、成本管理与控制等作业各环节的具体计划的实施工作
④	班组长应做好作业计划变更的总结工作,把与新产品相关的问题形成总结性文件,报送至车间主任,有利于提升企业整体的生产经营水平

1.3

临时性非计划任务的作业计划

高度普及的互联网加速了信息的传播速度和反馈速度,市场的需求变化也变得更加迅速,这就要求企业的生产部不仅要懂生产,还要懂市场,打破工厂和市场二元割裂状态,临时性非计划作业任务的增多正是市场信息反馈到班组的重要体现。

1.3.1　非计划任务安排

班组非计划任务安排即非计划生产作业分配或派工,是指车间主任和班组长根据车间、工段、班组生产的排程,结合企业的实际情况,为各个工作地具体分派非计划生产任务的活动。

班组长在组织班组员工执行计划任务的过程中,可能经常接到上级部门下达的临时性的任务,也就是非计划任务。在不影响计划任务的进度和质量的前提下,能够配合车间主任开展非计划任务的工作,是一个班组长具有高水平协调能力的重要体现。

非计划生产任务流程如图 1-6 所示。

非计划生产任务流程关键节点说明如表 1-6 所示。

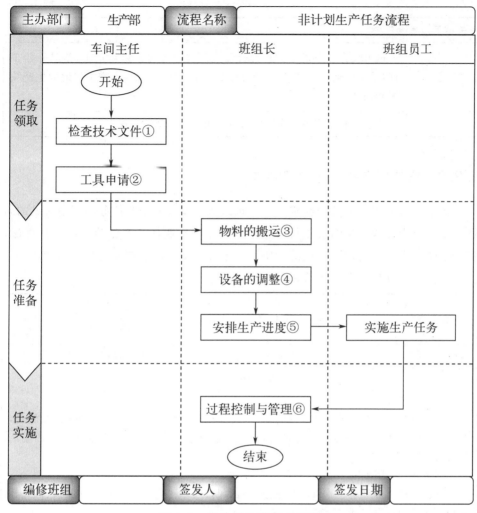

图 1-6　非计划生产任务流程

表 1-6　非计划生产任务流程关键节点说明

关键节点	相关说明
①	车间主任检查加工图纸、工艺规程、技术标准、消耗和生产定额等资料是否已经齐全、正确
②	车间主任将所需工艺装备、工具的明细送交物料管理科,由物料管理科在作业开始前将成套工艺装备、日常工具等送至加工地点
③	班组长组织班组领料员工将原材料、半成品、零部件在生产开始前送至作业地点
④	班组长组织设备管理员工调整设备,在生产开始前将机器调整到生产所需状态

关键节点	相关说明
⑤	班组长将工作指令、加工图纸、工艺文件等交给班组员工,使其开始工作,下达检验指令,根据生产排程及工作地任务情况,安排工作地的生产顺序和进度
⑥	班组长和车间主任应做好与生产相关的控制和管理工作

1.3.2　非计划作业任务管理办法

班组长根据车间主任的要求,结合班组执行非计划作业任务过程中常见的问题,制定出用以规范班组员工行为和规范非计划作业任务实施步骤的管理办法,有利于做到人与事的规范、统筹、协调、结合,实现班组作业的高效率管理。

下面是非计划作业任务管理办法,供参考。

办法名称	非计划作业任务管理办法		受控状态	
			编　　号	
执行班组		监督部门	编修部门	

第1章　总则

第1条　目的

为了对非计划作业任务中涉及的物料、设备和班组员工进行针对性的规范化管理,避免因混用常规性的《计划作业任务管理办法》造成生产管理上的混乱和不必要的生产损失,特制定本办法。

第2条　适用范围

本办法适用于班组非计划作业任务计划的制订、非计划作业任务的分配执行、非计划作业任务的过程控制与管理等事项。

第3条　职责分工

1.班组长负责非计划作业任务计划的制订、非计划作业任务的分配、非计划作业任务的过程控制和管理方案的制订。

2.班组长负责班组员工的非计划作业任务绩效考核方案的制订。

3.班组员工负责非计划作业任务的执行。

第2章　作业任务计划的制订

第4条　作业任务再分解

班组长对车间主任分配的非计划作业任务进行再分解,根据班组员工的综合水平,将作业任务合理分配到每个岗位员工。

第5条　确定生产作业任务顺序

1.班组长根据车间主任分配的生产作业任务的要求,结合以往生产作业的经验和对该项生产任务的调查分析,听取班组员工的建议,确定出生产作业任务的顺序,保证按时完成生产作业任务。

2.确定生产作业任务顺序时,要依据以下3个原则确定。

(1)时间次序原则。按照交货期的先后顺序进行安排。

(2)工艺相似原则。按照生产工艺和加工方法的相似程度进行安排。

(3)技能递进原则。按照班组员工原有经验和技能熟练度的递进程度进行安排。

第6条　拟订班组生产作业计划

班组长确定了生产作业任务的顺序之后,召集班组员工,拟定班组生产作业计划。

第7条　申报班组生产作业计划

班组长将拟定好的班组生产作业计划上报车间主任审批,并听取车间主任的意见。

第8条　确定班组标准日程

班组长根据车间主任审批通过的计划确定本班组的标准生产日程。

第9条　拟定工时与负荷计划

班组长根据标准日程,确定本班组的生产工时和设备负荷,生产工时的确定需要考虑的因素包括作业标准、作业时间以及标准材料的配备等。

第10条　申报工时与负荷计划

班组长将拟定好的工时与负荷计划上报车间主任审批。

第11条　制订与公布班组正式非计划生产作业计划

班组长根据审批通过的班组日程计划、工时与负荷计划,形成本班组正式的生产作业计划,并将本计划张贴在班组的公布栏上,以便班组各岗位员工阅读。

第3章　生产作业任务的分配

第12条　准备分配生产作业任务

1.技术资料检查。班组长进行生产任务分配前要对车间主任审查通过的生产技术相关资料进行检查,包括检查生产图纸、工艺要求、操作规程等,以保证技术资料的全面、准确和符合班组实际。

2.生产任务分配前,各班组长需要列出完成本次生产任务所需新增的生产设备与工具,并迅速提交给车间主任审批。车间主任上报给生产部经理审批,最后总经理审批后交由采购部负责采购。

3.生产任务分配前,各班组长必须对本班组的原有生产设备进行检修和调试,保证生产能够顺利进行,避免因设备故障造成生产延误。

4.各班组生产作业所需要的物料必须在分配之前按照计划备齐,并能确保生产过程中临时用料需求的满足。

第13条　进行生产任务分配

班组长对生产作业计划、时间与产品质量要求、各岗位班组员工与设备的配备情况进行全面分析后,将生产作业任务分配到各个班组员工。

第4章　生产作业任务的过程控制与管理

第14条　非计划生产作业任务常见问题

1.班组员工随意浪费物料带来的成本上升问题。

2.班组员工操作不熟练带来的质量低下问题和进度缓慢问题。

3.生产新产品经验不足导致的安全隐患问题。

第15条　非计划生产作业任务常见问题控制与管理

1.将物料浪费和产品合格率纳入特定的非计划生产作业任务绩效考核方案。

2.调查员工操作不熟练的原因,在特定时间同时开展工艺改进和员工的再培训工作。

3.根据生产作业新产生的危险问题划分危险等级,暂时停工,在一小时之内按等级解决问题后再组织生产。

第5章 附则

第16条 编制单位

本办法由×××班组负责编制、解释与修订。

第17条 编制依据

本办法参照《车间生产作业管理办法》《车间生产管理制度》制订。

第18条 生效时间

本办法自××××年××月××日起生效。

编制日期		审核日期		批准日期	
修改标记		修改处数		修改日期	

第2章

班组生产现场改善与5S管理

生产现场部署

生产现场部署，即班组长在生产任务开始前，对班组的工作任务或紧急生产任务进行规划，并通过生产班前会将工作任务或紧急生产任务具体安排向班组员工进行传达的过程，生产现场部署有利于班组对生产工作进行管理。

2.1.1 工作任务分配

工作任务分配，即班组长根据班组的生产计划和工作任务的分派要求，并结合班组员工的特点，为班组员工分配具体工作任务的过程。

（1）工作任务分配的分类

班组长可以从交货期和生产效率两个方面进行生产任务分配，具体内容如下。

① 以交货期为重点进行分配。根据不同顾客提出的交货期要求，妥善安排各种产品的作业顺序，以确保产品都能按期交货。优先安排交货期短、工作量大或违约责任大的生产任务，这是工作任务分配的根本原则，也是提高企业信誉的重要措施。

② 以提高生产效率为重点进行分配。将工作、加工方法相同的产品集中起来分配作业任务，以提高生产效率和设备运转率。

（2）工作任务分配的准备

工作任务分配的准备是一项需要班组长全权负责的工作，班组长在分配工作任务前要准备好与任务相关的技术资料、生产工具、物料及工作顺序，具体如图2-1所示。

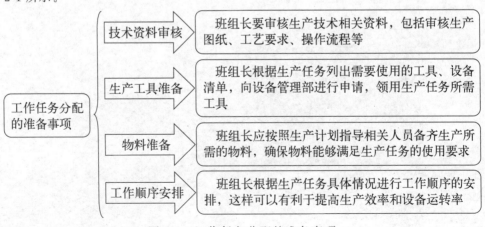

图 2-1　工作任务分配的准备事项

（3）工作任务分配的方法

工作任务分配的目的是向班组员工下达生产作业指令，具体的分配方法根据车间、工段、班组的生产类型的不同而不同，常见的分配方法主要有标准分配法、定期分配法、临时分配法三种，具体如表 2-1 所示。

表 2-1　工作任务分配方法

方式	具体说明	适用情形
标准分配法	1. 在大量大批生产的工段、班组里，每个工作地和每个员工执行的工序比较少，而且是固定重复的。在这种情况下，生产派工可以通过编制标准计划的方式来实现 2. 标准计划，又称标准指标图表，即把制品在各个工作地上加工的次序、期限和数量等内容全部制成标准并固定下来，用以指导各工作地的日常生产活动，这样做可以不用再经常性地分配生产任务 3. 当月产量任务有调整时，派工的主要任务是对每日产量任务进行适当调整	适用于进行大批量生产的工段和班组
定期分配法	1. 班组长根据月度的班组作业计划在较短的时期内（旬、周等）定期地为每个工作地分配工作任务 2. 在派工时，既要保证关键产品的生产进度，又要注意设备的负荷情况	适用于成批生产和比较稳定的单件小批生产
临时分配法	1. 临时分配法的特点是根据生产任务和准备工作的情况及各工作地的负荷情况，随时把任务下达给各工作地 2. 采用临时分配法时，任务分配箱是帮助班组长进行工作的有效工具，它能够帮助班组长有秩序地完成每个派工过程，并随时了解各个工作地的任务分配情况、准备情况和工作进度等	适用于单件小批生产

（4）工作任务分配的常见问题

在工作任务分配过程中，班组长往往会面临一些棘手的问题，这些问题主要来源于三个层面，分别是班组员工层面、班组任务层面和班组环境层面，具体问题如表 2-2 所示。

表 2-2　工作任务分配常见问题

问题层面	具体说明
班组员工层面	1. 班组员工的工作能力不能胜任工作任务 2. 班组员工的工作态度不能胜任工作任务 3. 班组员工的工作意愿不能胜任工作任务 4. 班组员工存在不能胜任工作任务的客观条件，如身体状况、个人原因等

问题层面	具体说明
班组任务层面	1.班组任务的工作标准和工作要求不明确、不清晰 2.班组任务工作量设置不合理 3.班组任务难度设置不合理 4.班组任务未考虑交货日期,导致生产任务不能及时完成
班组环境层面	1.班组工作环境对员工完成工作任务造成阻碍 2.员工工作氛围对员工完成工作任务造成阻碍 3.班组资源配置不完善对员工完成工作任务造成阻碍

2.1.2 紧急生产安排

紧急生产任务是指影响常规生产计划,需要先行制造,并急于出货的产品生产任务,它不同于常规生产任务的地方是出货时间不确定、出货期限紧迫。班组在领受紧急生产任务时,需要及时对紧急生产任务进行安排、部署,并立刻组织生产,以求尽早交货。

(1)紧急生产安排流程

紧急生产任务由于其紧迫性,往往需要班组在接到任务时立刻着手进行紧急生产任务准备。要想做好紧急生产任务部署,班组长就需要了解紧急生产任务的安排流程,以流程为参照,才可以高效地开展紧急生产任务。班组紧急生产任务的安排流程如图 2-2 所示。

班组紧急生产任务的安排流程关键节点说明如表 2-3 所示。

表 2-3　班组紧急生产任务的安排流程关键节点说明

关键节点	相关说明
①	班组长要及时编制紧急生产计划,并准备通知班组员工暂停原有生产计划,做好紧急生产准备
②	班组员工的紧急生产准备主要是暂停原有的生产任务,然后对生产现场进行整理,调整工作状态,等待班组长下达紧急生产任务
③	领用物料时需要以通过审核后的紧急生产计划为依据,班组收到物料后,要仔细检查数量与质量是否符合紧急生产计划要求

(2)紧急生产任务应对措施

① 合理安排班组日常生产工作。紧急生产任务是突发性的,需要班组员工可以尽快将生产重心由一条生产线转移到另一条生产线,班组日常工作安排必须

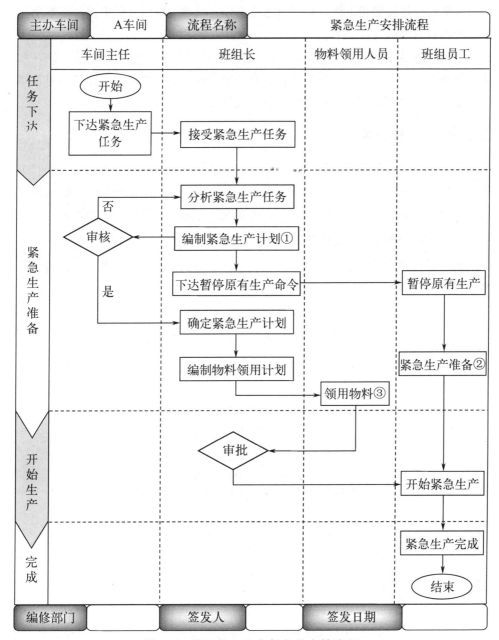

图 2-2 班组紧急生产任务的安排流程

合理化，避免超负荷生产，才能保证员工有良好的状态进行紧急生产任务。

② 严格落实班组设备点检与维修保养制度。对班组设备做好日常管理，避免设备存在隐性故障，影响紧急生产任务的推进。

③ 做好班组现场管理工作。紧急生产任务会和班组原有生产任务发生冲突，

这就需要做好现场管理工作，比如紧急生产任务所需物料的及时安置、原有生产任务所用物料的临时存放等。

④ 建立紧急生产任务审批绿色通道。班组长制订紧急生产计划后，往往需要逐级递交审批，但是这样对效率就会有一定影响。建立紧急生产任务的审批绿色通道有助于提高效率，让班组尽快投入到紧急生产任务中。

2.1.3 生产班前会

班前会是以班组为单位开展的班组内部会议，主要目的是对班组员工进行工作事项安排，并强调工作中要注意的安全事项。班前会的组织者，一般是班组长，也可以是上级领导。想要开好生产班前会，就需要注意以下四项内容。

（1）准备班前会需要传达的信息、资料

班组长在开班前会前应对会议上要传达的信息、资料进行准备，需准备的信息、资料一般包括以下六项内容，具体如图 2-3 所示。

班前会需准备的信息及资料

1. 来自领导的信息或国家政策
2. 上一班留下的工作任务
3. 即将分配的班组任务
4. 生产工作中的安全提醒和注意事项
5. 该班组在近几天工作中存在的问题
6. 向班组成员传递的可以激发正能量的话术

图 2-3　班前会需准备的信息及资料

（2）设计班前会的流程

班组长在开班前会前，应该规划好班前会的流程，在对该流程有全面认识的基础上，再对其中的每个环节进行细化，争取把要对班组员工说的话说得清楚、详细、有重点，便于班组员工正确理解和实施。

（3）确定班前会的时间与地点

① 确定班前会的时间。班前会的时间与地点一般都比较固定。时间一般在工作前的 10～15 分钟开始，持续 10～15 分钟。当班组长要传达非常重要的内容时，应提前通知班组员工准时到班组会现场，避免因迟到、缺席而漏听了班组长

所阐述的重要信息。

② 确定班前会的地点。班前会的地点，一般都会选择在班组所在的车间里，这样不仅有利于进行现场演示与说明，同时还能够保证班组员工在班前会结束后快速投入到工作当中。当班前会的地点有所变更时，班组长应该亲自通知每位班组员工，确保每个人都知道。

（4）整理班组员工队伍

班前会开始前，班组员工不会立即投入到开会的状态，往往呈现三五成群、聊天说话、东倒西歪的现象。所以，班组长需要对班组员工的队伍进行整理，改善班组员工拖拖拉拉、松松散散的精神状态，防止员工交头接耳、相互攀谈。

整理队伍时，如果人数过多，可以小组为单位分别进行整理；如果人数较少，只有几人或十几人，可以统一整理。同时，整理队伍时可适当加上一些口令，如立正、稍息、向左看齐或向右看齐等，快速完成队形的整理。

班前会的队形可以按照图 2-4 中的队形站立。

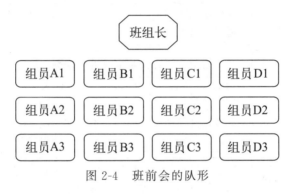

图 2-4　班前会的队形

2.2

生产现场控制

班组长进行工作现场管理的主要目的是保证班组生产任务能够顺利进行，解决班组在生产过程中遇到的各类问题，保证班组的生产现场处于统一化、团队化、高效化的运转模式里，提高生产工作的整体效率。

2.2.1　生产进度跟踪

生产进度跟踪是指班组长对月度、周的生产计划或生产订单完成情况的跟踪，以及对班组能否按时、按质、按量交付产品的跟踪与控制。生产进度跟踪不仅可以使班组长掌握准确、及时的生产进度信息，而且也保证了生产计划能够在规定时间内顺利完成。

（1）选择生产进度跟踪形式

生产进度跟踪工作主要有三种形式，分别是现场作业直接通报、现场巡视、生产日报系统。班组长在生产中应根据班组实际及生产需要，选择其中一种或综合使用两至三种进度跟踪形式，加强对班组生产进度的管理和控制。生产进度跟踪形式具体内容如图 2-5 所示。

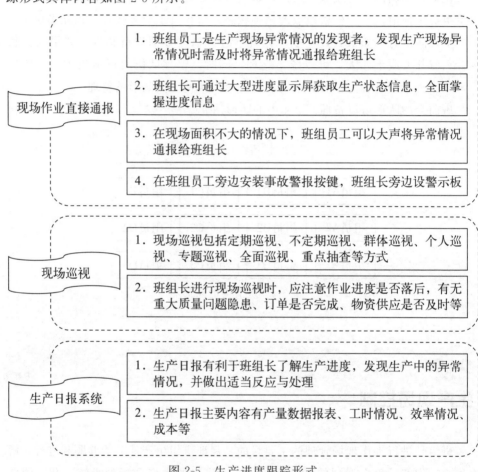

图 2-5　生产进度跟踪形式

（2）明确进度跟踪注意事项

班组长对生产进度进行跟踪时应注意以下两点事项。

① 做好调度日工作重点。班组长要根据当日作业计划和作业指标图表做好调度日工作，必要时可召集班组调度会，了解前一日的生产状况以及当班任务。

② 做好生产计划完成情况预报。班组长要掌握生产动态、生产发展趋势、生产规律等资料，将实际生产计划与目标计划进行对比，进行是否能按时完成生产任务的预测。

（3）生产进度跟踪管理制度

为了保证班组的生产进度处于可控范围内，班组长需要对生产进度进行严格把控。制订明确的生产进度跟踪管理制度有利于班组长对班组员工的生产进度进行管理，以下是生产进度跟踪管理制度，供参考。

制度名称	生产进度跟踪管理制度		受控状态	
			编　号	
执行班组		监督部门	编修部门	

第 1 章　总则

第 1 条　目的

为准确了解班组生产情况和生产进度，及时发现生产进度与实际进度的差异，并根据进度差异做出调整，使生产计划得以按时完成，特制定本制度。

第 2 条　适用范围

本制度适用于班组生产进度信息管理、进度控制等生产进度管理相关工作。

第 3 条　职责分工

1.车间主任负责监督生产计划完成情况，并指导生产进度管理工作。

2.班组长负责落实生产进度控制工作，按生产指标对班组生产进行现场指挥，组织班组内的现场管理人员做好生产进度控制工作。

3.班组长负责对班组生产情况进行巡检，及时解决生产过程中出现的问题。

第 2 章　生产进度信息获取与分析

第 4 条　生产进度信息获取

生产进度信息包括生产实际信息以及生产进度异常信息，班组长主要通过以下两条渠道收集获取生产进度信息。

1.班组生产情况报告。

2.生产现场进度巡视。

第 5 条　生产进度信息分析

班组长需组织现场管理人员做好生产进度信息分析工作，分析的内容包括以下三个方面。

1.工序分析，即现场管理人员将每道生产工序每日完成的数量绘制成折线图，分析各工序的完成效率。

2.统计分析，即现场管理人员计算出各车间每日产量与平均值之差，进而计算出标准离差值，确定产量的控制界限。

3.生产日程分析，即现场管理人员对生产日程进行分析，制定出缩短生产周期、减少中断时间和在制品占用的控制措施。

第 6 条　进度控制范围

生产进度控制范围主要包括以下三个方面内容。

1.投入进度控制,指控制产品开始投入生产的日期、数量、品种,以便符合生产计划要求。

2.出产进度控制,指控制产品的出产日期、出产提前期、出产量、出产均衡性及成套性。

3.工序进度控制,指控制产品在生产过程中每道工序的进度。

第7条 投入进度控制要求

1.现场管理人员定期检查投料单、投料进度表、投料日报,并控制实际投入与计划投入的偏差在合理范围内。

2.现场管理人员严格按照投产计划、加工路线单、工作命令等分配生产任务。

第8条 出产进度控制要求

1.现场管理人员将出产的日报表与出产的日历进度表进行比较,控制每日出产进度、累计出产进度和一定时间内生产均衡程度。

2.现场管理人员根据出产提前期、成批生产日历表进行控制。

第9条 工序进度控制要求

1.班组长登记加工路线单后,按路线单的工序进度及时派工。

2.班组长要对工序进度进行控制。

3.班组长应健全产品台账,并要求班组员工及时登记台账,按加工顺序派工生产。

第3章 生产进度控制

第10条 现场指正

现场指正适用于现场的一般提示和预见性控制,班组长现场巡视时若发现班组员工有操作不当的行为甚至是错误行为要及时进行批评指正。

第11条 变更现场工作人员

若因现场工作人员导致班组实际进度滞后,班组长可以根据实际情况对现场工作人员进行调整、变更。

第12条 现场专题会议

当实际进度滞后时,班组长要及时组织进度控制的专题会议,班组长、班组员工、相关管理人员必须参加,不得无故缺席,进度控制专题会议应包含以下内容。

1.班组长应当收集相关的进度控制资料,作为进度控制专题会议的基础资料之一。

2.班组长要在会议上提出自己对于进度滞后的看法和改正要求。

第13条 上层高级会议

当实际进度滞后,现场指正与现场专题会议均不能为实际进度的改善提供帮助时,班组长可申请召开上层高级会议。该会议由班组长、班组成员以及上级领导参加。上层高级会议应包含以下内容。

1.上级领导要对进度工作进行评价,指正进度工作上存在的问题。

2.上级领导要针对生产进度滞后情况提出整改意见。

第4章 生产进度调整

第14条 增加轮班或订单委托

班组发现生产进度滞后时,可以增加轮班,必要时可将部分订单委托其他工厂进行加工。

第15条 减少或禁止临时订单

若生产进度比较紧急,班组可向生产管理部申请减少或禁止临时订单的插入。

第16条 调整生产计划

合理调整生产计划,将紧急任务或超期影响较大的任务提前。

第 17 条 调整工作时间					

第 17 条　调整工作时间

生产进度滞后又难以正常调整时,可延长工作时间或安排休假日加班,完成生产任务后再安排班组员工进行调休。

第 5 章　附则

第 18 条　编制单位

本制度由生产管理部负责编制、解释与修订。

第 19 条　生效时间

本制度自××××年××月××日起生效。

编制日期		审核日期		批准日期	
修改标记		修改处数		修改日期	

2.2.2 生产作业指导

班组长是班组的管理者,是班组工作的控制者,班组长布置班组工作任务后,应定期对班组员工的工作情况进行监督和检查,及时发现班组员工在工作中存在的问题,并对出现问题的班组员工进行作业指导,提供必要的帮助和改进工作的意见建议。

生产作业指导工作主要包括以下工作事项。

(1)定期了解班组员工工作情况

班组长应定期了解班组员工的工作情况,这样有利于掌握班组员工的工作进度、工作质量、工作态度等信息,以便针对性地采取指导措施。通常,班组长需了解的班组工作情况信息如图 2-6 所示。

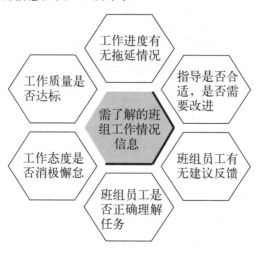

图 2-6　班组长需了解的班组工作情况信息

班组长可通过日常巡检、工作报表、听取下属的工作汇报、进行问卷考核等方式了解班组员工的工作情况信息。

（2）将实际情况与计划情况进行比较

班组长了解班组员工工作现状后，应将班组员工的个人工作现状与班组对员工做出的工作计划、工作标准和工作要求等内容进行比较，明确员工个人现状与计划目标之间的差距，找出存在的问题，并分析问题产生的原因。

班组长可以用同样的信息收集方式与评价标准，对班组的整体工作情况进行分析，找出班组内存在的问题。

（3）评价并确定指导重点

班组长将实际情况与计划情况进行比较后，应对班组工作进行评价，并针对问题提出适当的改进意见。在评价时，应注意四点事项，具体如图 2-7 所示。

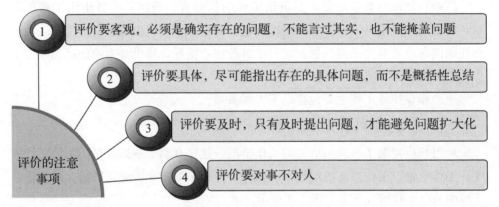

图 2-7　评价的注意事项

（4）把握好指导的"度"

班组长要根据具体情况，把握好指导的"度"，过与不及都不好。对能力强的班组员工应给予更多信任，对能力差的班组员工应给予更多的帮助；对老员工应注意授权，对新员工应注意帮助；对自制能力强的员工可增加其自主性，对拖沓懈怠的员工应加强督导。

（5）以激励为主进行指导

指导的最终目标是要培养班组员工的自主管理能力，班组长在指导时应注意以激励为主，进行正向指导，并提出发展建议，切忌影响班组士气和工作效率。

（6）生产作业现场常见问题解决

在生产作业现场指导的过程中，班组长会遇到很多问题，班组长既要解决这些问题，又要兼顾到班组团队的整体性，以保证生产作业可以顺利进行。班组生产作业现场常见问题及解决措施如表 2-4 所示。

表 2-4　生产作业现场常见问题及解决措施

序号	常见问题	解决措施
1	工作进度滞后	① 班组长要了解生产进度滞后原因，解决影响生产进度的客观因素，如设备、物料控制等问题 ② 因员工个人原因对工作进度造成的影响，班组长要及时向员工进行了解，解决员工生产过程中的实际问题
2	工作质量低下	① 班组长要做好生产巡检工作，及时发现并解决员工在生产过程中存在的问题 ② 班组长要定期组织班组员工培训，强化质量意识，提高操作技能
3	工作态度消极	① 班组长要做好生产班前会工作，明确生产目标，做好生产前动员 ② 班组长在日常生活中要注重目标管理，以身作则，培养员工的目标意识
4	员工对任务理解有偏差	① 班组长在任务分解环节要细化任务具体要求，确保员工可以于生产任务开始之前明确各项要求 ② 班组长在任务布置环节要让员工提出问题，并提供相应的解决方案
5	员工意见或建议未得到处理	① 班组内可以设置匿名意见公告栏，收集班组员工的意见和建议，班组长要及时对员工提出的意见、建议进行处理，并将结果反馈给班组员工 ② 班组长要做好班后会的组织，鼓励员工在班后会的时候对班组工作提供建议，收集员工在生产过程中的问题和建议
6	班组长指导不合理	① 班组长现场指导班组员工时，要注意方式、方法，以解决问题为目标，把握尺度 ② 班组长在日常生产活动中，要多注意与班组员工进行沟通，拉近与班组员工的距离 ③ 班组长在每次指导后，要做好跟进与总结，看问题是否解决，与班组员工的沟通是否顺利，完善沟通技巧

2.2.3　现场工艺管理

（1）生产工艺

生产工艺是生产产品的指南，是生产计划、生产调度、质量管理、质量检验、原材料供应、工艺装备设计与制造、设备采购等工作的技术依据，是优质、高效、低耗和安全生产的重要保证手段。

（2）现场工艺管理

现场工艺管理是班组长现场工作管理的重要环节，工艺管理是班组长对生产质量、生产技术和生产安全的管理，也是班组员工在生产过程中掌握工艺技术、提高产品质量的重要途径。

（3）现场工艺管理制度

为加强对生产现场的工艺管理，保证生产过程中严格按工艺文件进行操作，实现标准化作业，完成班组生产目标，提高班组产品的整体质量，班组需制定明确的生产现场工艺管理制度并严格执行。

以下是生产现场工艺管理制度，供读者参考。

制度名称	生产现场工艺管理制度		受控状态	
			编　号	
执行班组		监督部门	编修部门	

第1章　总则

第1条　目的

为规范班组生产现场工艺的管理工作，特制定本制度。

第2条　适用范围

本制度适用于班组生产现场工艺管理相关工作。

第3条　职责分工

1.车间主任负责监督现场工艺管理工作实施情况，并指导现场工艺管理工作。

2.班组长负责落实现场工艺管理工作，及时处理现场工艺管理过程中存在的问题。

第2章　生产现场工艺文件管理

第4条　工艺文件的接收与复核

1.新产品投产或老产品复制，必须依照"先制定完整工艺文件，贯彻工艺文件，然后再投产"的原则。

2.工艺文件由工艺技术部制定并下发，工艺技术部下发的工艺文件应达到"正确、完整、统一、清晰"，并能有效地指导生产。

3.工艺技术部下发工艺文件至车间后，由车间主任详细复核，发现与实际不符或由于某些条件限制，暂时不能执行的项目应及时向生产管理部技术管理处提出协商解决。

4.车间主任复核工艺文件并确认无误后,应在工艺通知单上签字,并且严格执行工艺文件相关规定,并及时下达到班组。

第5条　传达工艺文件

班组长在收到工艺文件后要及时传达给相关生产人员,并做好现场工艺监督管理工作,确保生产过程的每道工序都严格施行工艺。

第6条　摆放工艺文件

各班组成员负责各班组的工艺文件、样板的完好性,在产品上线生产前,班组成员要把工艺文件按要求及时、准确、完整地摆放到生产现场的指定位置。

第7条　执行工艺文件操作

班组一线员工要熟悉当班机型的工艺文件,生产时要严格按照工艺文件及作业要求的规范化动作要领正确地操作,要保证操作与工艺文件规定的一致性。发生工艺文件规定模糊或产生分歧时,以现场工艺指导为准。

第8条　检查产品

班组长要按工艺要求对本班组生产的产品进行检查,如不符合工艺要求,应及时向车间主任反映,检查分析原因,找出解决问题的办法,并立案记录。

第3章　生产现场工艺调整

第9条　调整工艺

生产过程中,发生工艺与实物不符必须进行工艺调整时,班组长应及时向生产技术主管反映,并研究解决方案,而不准随意更改和调整工艺。

第10条　调整工艺的审批

生产技术主管调整好工艺需经生产管理部经理签字后,才能作为正式生产依据,对旧工艺必须收回存档,并注明变更原因。

第11条　严格执行"三按"规定

工艺人员在处理生产过程中发生的技术问题时,要严格执行"三按"(按设计图纸、按技术标准、按工艺文件)规定。发现文件不正确时,要及时反馈修改文件,班组长和一线员工有责任对其发现的文件错误及时反馈,以使文件能够持续有效指导生产。

第12条　违反规定的惩处

对违反工艺生产,或随意变更工艺,造成责任事故者,应赔偿____%的经济损失。造成严重损失者,需上报生产管理部经理和行政人事部经理,给予必要的纪律处分。

第4章　生产现场管理

第13条　整顿

应整顿现场物料、工具、夹具、工位器具的摆放,确保整齐。

第14条　员工通道

员工通道应保持通畅,不得摆放杂物。

第15条　定置管理和文明生产

现场应做好定置管理和文明生产。

第16条　操作台

操作台应保持整洁和安全,不堆放杂物。

第 17 条　生产车间

生产车间应保持适宜的工作温度和湿度,保持卫生清洁、物品清洁,工人应做到身心清洁。

第 5 章　生产现场人员管理

第 18 条　熟悉加工对象

操作人员应提前熟悉加工对象的工序内容、产品尺寸、各部位的工艺要求和关键工艺参数表,并正确应用。

第 19 条　严格按规程使用原材料、辅料

操作人员应严格按照工艺规程要求使用原材料、辅料。

第 20 条　及时发现问题并上报

操作人员应对工艺文件中与实际操作不符的情况及时分析并上报工艺部的工艺管控主管。

第 21 条　坚持"三检"

操作人员应坚持进行"三检"(首检、中间检、完工检)工作。

第 22 条　规范摆放并做好标识

操作人员要把合格品、返修品、废品隔离摆放,并对每种物品做好相应的标识。

第 23 条　持证上岗

关键、特殊工序的操作人员应经过培训并获得有效操作证。

第 24 条　清理废料

工序产生的废料应及时进行清理,放置在专用器具中。

第 25 条　规范穿戴

操作人员应按照规定穿戴劳保用品,保持工装的整洁。

第 26 条　岗前培训

操作工人初次上岗前应经过专业培训,做到定人、定机、定工种。

第 27 条　坚持"三按"

操作人员应坚持"三按"(按设计图纸、按工艺文件、按技术标准)生产。

第 6 章　生产现场物料、工装、模具等的管理

第 28 条　检查原材料和外协件

生产用的原材料和外协件应经过质量管理部的检验,符合工艺要求。

第 29 条　工装、模具和设备

工装、模具和设备应保持工艺要求的精度和良好的技术状态。

第 30 条　计量器具和检测装置

计量器具和检测装置应定期进行检查和校正,保证精度合格。

第 31 条　定期点检和保养

设备应按要求定期点检和保养,做好记录。

第 7 章　工艺事故管理

第 32 条　严肃工艺纪律

班组长要严肃工艺纪律,发动班组员工对违反工艺规程事故的原因进行分析追查,并提出防止措施,防止再次违反。

第 33 条　控制差错

凡不遵守工艺规程，造成各项差错的，无论本次事故是否造成损失，一经发现，班组长及时到现场检查分析，找出产生原因，提出措施，以减少下一道工序的损失，并于 1 个工作日内填写工艺规程事故报告单，送交车间主任。

第 34 条　工艺事故处理

对于因不遵守工艺规程而发生的影响上下车间的工艺事故，应由技术管理人员、质量管理人员、车间主任及相关人员协商解决。

第 35 条　违反工艺规程事故

下列情况应作为违反工艺规程事故，认定责任人。

1. 不按工艺规程进行生产，车间或班组擅自变更者。

2. 技术管理人员的工艺规程抄错工艺单，开错通知单者。

3. 工艺未经审定、制定不合理、造成批量损失者。

第 36 条　责任追究

上述各项事故由生产技术管理机构及时向个人、班组、车间提出追究责任并采取措施，按情节轻重记事故一次。若本人及所在班组隐瞒，经其他班组提出时，应按情节轻重记违反工艺规程一次，并取消本人或班组当月奖金。

第 8 章　附则

第 37 条　编制单位

本制度由工艺技术部负责编制、解释与修订。

第 38 条　生效时间

本制度自×××年××月××日起生效。

编制日期		审核日期		批准日期	
修改标记		修改处数		修改日期	

2.2.4　生产异常处理

生产异常是指造成生产停工或生产进度延迟的各种情形，处理生产异常是班组长在现场管理过程中不能避免的问题。生产异常具有突发性，若班组长不提前了解处理生产异常的流程和解决生产异常的办法，在遇到生产异常情况时，就很难保证班组的生产可以正常进行。

（1）生产异常处理流程

班组长需及时对生产异常进行处理，在处理生产异常时，最好参照生产异常的处理流程，按照流程去处理可以少走弯路，尽可能减少生产异常带来的损失，提高生产效率。生产异常处理流程如图 2-8 所示。

生产异常处理流程关键节点说明如表 2-5 所示。

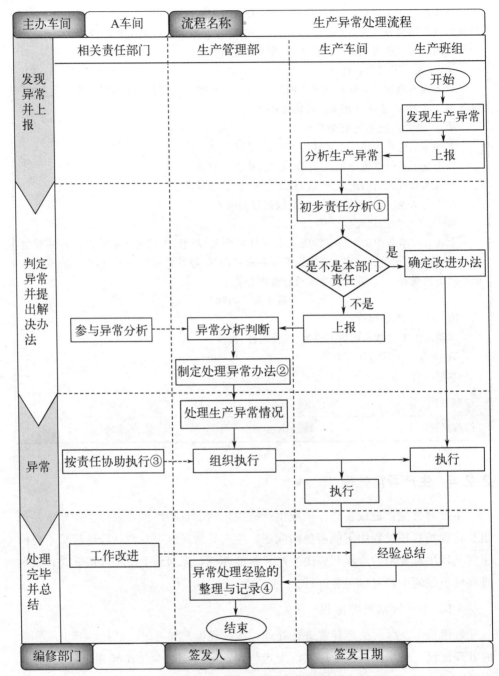

图 2-8 生产异常处理流程

表 2-5　生产异常处理流程关键节点说明

关键节点	相关说明
①	生产车间根据班组提供的生产现场异常情况,初步分析造成生产异常的来源,并联系相关的责任部门,提升处理效率
②	生产管理部要在生产车间上报的生产异常情况的基础上,进一步明确责任部门,并会同责任部门研究处理方案
③	相关责任部门要协助生产管理部做好生产异常的处理工作
④	生产管理部在生产异常解决后,应将生产异常的发生原因、处理过程、处理经验进行整理并记录,以供参考

（2）生产异常问题解决

生产异常问题给班组带来的影响是不可忽视的,班组长要及时解决,避免生产异常问题造成的损失扩大化,尽早将生产工作拉回正轨,保证生产任务的顺利完成,常见的生产异常问题及解决措施如表 2-6 所示。

表 2-6　常见的生产异常问题及解决措施

序号	常见的生产异常问题	解决措施
1	计划异常	① 班组长需及时向生产管理部门进行生产计划确认,同时根据计划迅速进行调整,保证生产效率和总产量 ② 安排好因计划调整而搁置的成品、半成品、原材料的安置工作 ③ 安排好闲置人员,让闲置人员进行前加工、原产品生产或接下来的生产计划的准备工作
2	物料异常	① 在生产任务前,仔细清点物料是否有误 ② 在生产任务中,随时注意物料的使用情况,遇物料即将耗尽时,尽快准备好物料申请清单反馈给仓储部和采购部 ③ 物料短缺状况发生后,可安排闲置人员进行前加工、整理等工作 ④ 若物料短缺时间较长,可安排员工进行教育训练,或与生产管理部协调,变更生产计划
3	质量异常	① 质量异常发生时,立即通知质量管理部及相关人员 ② 班组长需与质量管理部门及相关部门共同商量解决办法 ③ 若质量异常最终无法解决,班组长应联系生产管理部协商进行生产计划变更

序号	常见的生产异常问题	解决措施
4	设备异常	① 设备异常发生时,立即通知设备管理部,由设备管理专员协助班组员工对设备异常原因进行排查 ② 如果设备异常短时间无法排除,班组长应联系生产管理部协商进行生产计划变更
5	产品异常	① 产品异常发生时,立即通知质量管理部或工艺技术部相关人员进行处理 ② 班组长需协助质量管理部或工艺技术部共同商量解决办法 ③ 若产品异常最终无法解决,班组长应联系生产管理部协商进行生产计划变更
6	水电异常	① 迅速采取降低损失的措施 ② 水电异常发生时,立即通知生产技术部进行处理 ③ 因水电异常导致生产无法继续,且异常还未解决时,班组员工可做其他工作安排
7	工时异常	① 因生产异常导致的工时异常,异常时间在 10 分钟以上的,班组长应做好记录,并向车间主任提交生产异常报告单 ② 因生产异常导致的工时异常,异常时间在 10 分钟及以下的,班组长应做好记录,并向车间主任进行口头汇报或填入生产日报表

（3）生产异常管理办法

常见的生产异常主要包括计划异常、物料异常、质量异常、设备异常、产品异常、水电异常、工时异常等内容。如果在生产现场出现了生产异常的情况,就表示班组的生产现场存在着阻碍班组生产的不利因素,班组长就需要对生产异常进行及时处理。

以下是生产异常管理办法,供参考。

办法名称	生产异常管理办法		受控状态	
			编　　号	
执行部门		监督部门	编修部门	

第 1 章　总则

第 1 条　目的
为了解决生产异常情况给现场管理工作带来的问题,特制定本办法。
第 2 条　适用范围
本办法适用于班组生产异常管理的相关工作。

第3条　管理职责

1. 车间主任负责照此办法监督各班组的生产异常管理工作情况。

2. 班组长负责班组生产现场的生产异常管理工作。

第2章　生产异常分析

第4条　常见生产异常类型

1. 计划异常:因生产计划临时变更或安排失误等导致的异常。

2. 物料异常:因物料品质不合格或供应不及时(断料)等导致的异常。

3. 质量异常:因生产过程中出现了产品质量问题而导致的异常。

4. 设备异常:因设备故障原因而导致的异常。

5. 产品异常:因产品设计或其他技术问题导致的异常。

6. 水电异常:因水、气、电等导致的异常。

7. 工时异常:因其他异常情况导致的待工、返工、加班等异常事项。

第3章　生产异常处理

第5条　生产异常的处理

生产异常发生时,班组长需立即向车间主任进行汇报,由车间主任初步分析生产异常情况,判定责任,并通知相关责任部门或单位,研究异常处理对策,并报告直属上级。

第6条　异常工时超过10分钟

当生产现场出现上述异常信息,且生产异常工时达10分钟以上时,班组长应及时将生产异常状况进行记录,并提交给车间主任,由车间主任联系相关人员进行处理。

第7条　生产异常情况记录的内容

生产异常情况记录应至少包括异常发生班组、产品名称、异常现象、异常原因、异常影响等内容。

第8条　异常工时不超过10分钟

当生产现场出现上述异常信息,且生产异常工时在10分钟及以下时,班组长向车间主任进行口头报告或填入生产日报表,可不另行填写生产异常报告单。

第9条　采取临时应急对策

生产车间会同工艺技术部、班组根据生产异常状况采取临时应急对策,以降低生产异常造成的影响。

第10条　填写生产异常报告

生产异常排除后,由生产车间填写生产异常报告单(一式四联),并转班组确认。

第11条　防止异常重复发生

班组长需对发生过的生产异常及相应的处理对策进行记录,并定期组织班组员工进行学习,以防止异常重复发生,并将生产异常报告单的第一联自存,其余三联退还生产车间。

第12条　送交生产异常报告单

生产车间接到责任班组退还的生产异常报告单后,将第二联自存,并将第三联送交生产管理部,第四联送交财务部。

第13条　留存依据与凭证

财务部保存生产异常报告单,作为向责任厂商索赔的依据及统计制造费用的凭证。

第 14 条　调度生产计划的参考

生产管理部保存生产异常报告单,作为生产进度管制控制点,并为生产计划的调度提供参考。

第 15 条　追踪执行结果

生产管理部应对责任单位的根本对策的执行结果进行追踪。

第 16 条　异常工时的处理

1. 当所发生的异常,导致生产现场部分或全部人员完全停工等待时,异常工时的影响度以 100% 计算(或可依据不同的状况规定影响度)。

2. 当所发生的异常,导致生产现场需增加人力投入排除异常现象(采取临时对策)时,异常工时的影响度以实际增加投入的工时为准。

3. 当所发生的异常,导致生产现场作业速度放慢(可能同时增加人力投入)时,异常工时的影响度以实际影响比例计算。

第 17 条　做好标志

在生产异常未解决之前,作业车间应视生产情况决定是否停止作业,所有在制品、制成品做好标志。

第 18 条　检验异常解决后的首件产品

生产异常解决之后,应对生产的首件产品进行检验,检验通过后方可进行批量作业。

第 4 章　异常情况责任分析和处理

第 19 条　辨析责任归属

异常情况发生后,首先要辨析生产异常责任的归属,才能找出妥善的对策。各部门因工作失误导致生产异常的情况如下。

1. 工艺技术部。未及时确认零件样品;设计错误或疏忽;设计延迟;设计临时变更;设计资料未及时完成;其他因设计开发原因导致的异常。

2. 生产管理部。生产计划日程安排错误;临时变换生产安排;物料进货计划错误造成物料断料而停工;生产计划变更未及时通知相关部门;未发"制造命令单";其他因生产安排、物料计划而导致的异常。

3. 采购部。采购下单太迟,导致断料;进料不全导致缺料;进料品质不合格;尚未进货或进错物料;未下单采购;其他因采购业务疏忽所致的异常。

4. 仓储部:原料记录错误;备料不全;物料查找时间太长;未及时点收厂商进料;物料发放错误;其他因仓储工作疏忽所致的异常。

5. 生产车间或班组:工作安排不当,造成零件损坏;操作设备仪器不当,造成故障。

6. 供应商:供应商所致的责任除考核采购部、品管部等内部责任部门外,对厂商也应酌情提出索赔,包括:交货延迟、进货品质严重不良、数量不符、送错物料及其他因供应商原因所致的异常。

7. 其他:特殊个案依具体情况,划分责任;有两个以上部门责任所致的异常,依责任主次划分责任。

第 20 条　异常情况责任处理

1. 工厂内部责任单位因作业疏忽而导致的异常,列入该部门工作考核,责任人员按照工厂奖惩规定予以处理。

2.供应厂商的责任除考核采购部门或相关内部责任部门外,也应列入供应厂商评价系统,必要时可按照损失工时向厂商索赔。

3.生产部、生产车间均应对异常工时作统计分析,于每月生产会议时提出分析说明,以检讨改进。

第5章　附则

第21条　编制单位

本办法由生产管理部负责编制、解释与修订。

第22条　生效时间

本办法自××××年××月××日起生效。

编制日期		审核日期		批准日期	
修改标记		修改处数		修改日期	

2.2.5　生产现场改善

管理好生产现场,就等于具备了提高生产效率的基础。生产现场改善是管理好生产现场的条件之一,生产现场改善可以排除掉一些可能对生产造成影响的因素,帮助班组员工保持高效率生产,提高班组的整体工作质量。

(1)生产现场改善的内容

生产现场的状况直接影响到生产的方方面面,优秀的班组长需要具备出色的现场管理能力和现场改善能力。现场改善是指通过对生产现场的各项作业进行持续优化和改进,提高班组的现场管理水平、整体生产效率和产品质量。其具体内容如图2-9所示。

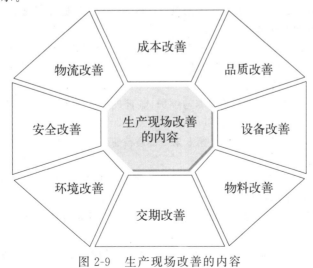

图2-9　生产现场改善的内容

（2）生产现场改善管理办法

班组长在明确了生产现场改善的内容之后，要制定相应的管理办法对现场改善进行管理与控制，同时也是让班组员工都参与到生产现场改善中来，明白什么是生产现场改善、为什么进行生产现场改善和怎么进行生产现场改善。

以下是生产现场改善管理办法，供参考。

办法名称	生产现场改善管理办法		受控状态	
			编　　号	
执行部门		监督部门	编修部门	

第1章　总则

第1条　目的

为了改善生产现场中存在的问题，保证生产的顺利进行，提高生产的效率与质量，特制定本办法。

第2条　适用范围

本办法适用于班组生产现场改善的管理。

第3条　职责分工

1.车间主任负责对各班组的生产现场管理工作进行监督。

2.班组长负责对所在班组的现场改善管理工作进行实施及管控。

第2章　成本改善

第4条　明确成本管理权责

班组长要明确划分质量成本管理权责，提高班组所有员工的质量成本意识。

第5条　降低不合格率

班组长要提高对不合格品的监管力度，减少不合格品的产出，降低质量成本。

第6条　定额管理

班组应合理设置人工、材料、设备的投入比例，减少人工、材料、设备的投入浪费。

第7条　预测库存水平

物料管理人员应合理计算生产所需的各种原材料、配件以及生产过程中产生的半成品和成品，有效地预测库存水平，减少库存不合理造成的浪费，从而节约成本。

第8条　设备的保养与维护

设备维修人员要注意设备的保养与维护，监督设备使用情况，减少设备的不必要使用时间。

第3章　品质改善

第9条　监督班组操作

班组长要监督班组操作人员严格按照设备使用说明书和操作规程进行操作。

第10条　处罚违规行为

班组长要按照操作规程和要求对违反操作规程和要求的操作人员进行处罚。

第11条　定期开展培训

班组要定期开展培训，提高班组所有员工的操作技能和工作水平，培养品质意识。

第4章　设备改善

第12条　一般保养

设备操作人员负责进行设备日常的非专业保养,如清洁、整理等。

第13条　加强物料质检

物料管理人员要加强对班组领用物料的质量检验,确保每次生产前领用的原料均符合品质要求。

第14条　定期专业保养

设备维修人员根据设备的性能和保养要求,定期进行设备的专业保养,设备维修必须严格采用配套的配件和备件。

第15条　定期点检

班组长和设备维修人员要定期进行设备点检,及时发现设备可能存在的问题,消除隐患。

第16条　完善设备报废管理制度

完善设备报废管理制度,设备维修人员要对设备的运行负荷、使用年限进行登记并跟踪记录,及时掌握设备的运行情况,及时处理达到报废标准的设备。

第17条　故障禁用

严禁设备带故障进行操作。

第5章　物料改善

第18条　管理原材料

物料管理员要掌握原材料的库存信息和供应效率,对已有原材料的存放和使用的相关事宜进行管理。

第19条　提升物料摆放效率

根据生产现场的物料使用频率存放物料,及时清理使用频率很低或者不再使用的物料,就近放置高频率使用物料。

第20条　规范摆放

避免将物料直接放在地上,根据物料是否需要搬运,尽量将物料摆放在存货架上。

第6章　交期改善

第21条　控制生产任务进度

班组长要严格控制生产任务进度,树立班组员工的交期意识。

第22条　编制生产计划

班组长要充分了解班组的生产能力与产品结构,并及时与物料管理员交流原材料的相关信息,编制生产计划。

第23条　制定生产进度控制目标

班组长要制定明确的、可执行的、可量化的生产进度控制目标。

第7章　环境改善

第24条　制度保障

班组长要在班组内建立现场环境检测、改善的制度和规范,并严格执行。

第25条　粉尘改善

1.对容易产生粉尘的物料,在工艺允许的前提下进行加水湿化处理,对于不能进行湿化处理的物料,应进行物料的密封化、管道化、机械化作业。

2.定时用水冲洗生产现场的地面、墙壁等,避免产生二次扬尘。

3.加强对技术创新和设备引进的力度,淘汰产生过量粉尘的工艺和设备。

4.改善通风条件,合理安排粉尘污染工段的位置,缩小粉尘的影响范围,降低粉尘浓度。

第26条 噪声改善

1.加强对设备的维护和保养,减少因设备故障产生的噪声。

2.尽量对噪声设备实行自动化管理,减少人工操作,缩小噪声的影响范围。

3.针对噪声比较大的机电、机械设备,安装隔音机罩或设置隔音间,阻断噪声的排放。

第27条 辐射改善

1.对生产员工开展辐射环境的生产知识培训,经考核合格后方可上岗工作。

2.在放射性辐射源头设置屏蔽物,降低辐射强度。

3.控制在辐射环境中的工作时间。

4.加强对辐射现场的检查和测量,确保辐射强度控制在预期的范围内。

5.及时、有效地清理带有放射性辐射物质的工作服和体表。

第28条 有毒作业改善

1.尽可能采取有毒作业的自动化生产,减少操作人员。

2.现场人员必须戴好防护用具,严格按照操作规程进行操作。

3.加强对有毒现场的检测,确保有毒环境的毒物浓度控制在预期范围内。

4.加强有毒作业的通风工作。

5.在有毒生产现场,对有毒物存放处及容易中毒处设置明显的警示标志,防止因情况不明导致意外中毒。

第29条 高温改善

1.在生产工艺或技术条件允许的前提下,采用水隔热或材料隔热的方法隔绝热源。

2.尽可能多地设置通风口,降低生产现场的温度。

3.配备休息室,要求高温作业的员工定时休息。

4.改进生产工艺和引进先进设备,减少高温作业的机会。

第30条 低温改善

1.在生产现场条件允许的情况下,应在低温生产现场安装水暖或风暖设备。

2.改进生产工艺和引进先进设备,减少低温作业的机会。

第31条 现场工作环境改善

1.确保工作现场物品的堆放有序、一目了然。

2.进行区域线、编号、颜色等的设置,保证现场工作环境井然有序。

第8章 安全改善

第32条 开展安全培训,建立完善的安全制度与规范

班组长要定期组织开展安全培训,加强班组员工的生产安全意识,并在班组内建立完善的安全管理制度与规范。

第33条 开展设备安全操作培训

班组长要定期组织开展设备安全操作培训,让班组员工严格按照操作规程进行操作。

第34条 编写《作业标准书》

班组要编写规范、明确、实操性强的《作业标准书》,并严格遵守。

第 35 条　加强监督和检查

班组长加强对作业安全的监督和检查,发现问题要及时处理。

第 36 条　及时进行维修和处理

对于故障设备和报废设备及时进行维修和处理,操作间和设备上都要有生产安全提示标识。

第 9 章　物流改善

第 37 条　现场操作人员熟练掌握的知识

现场操作人员应熟练掌握工序操作知识、基本的设备保养知识及其他知识。

第 38 条　现场管理人员熟练掌握的知识

现场管理人员应熟悉管理范围的工序、设备等基本知识,以及基本的管理知识。

第 39 条　创新的工作氛围

班组长应构建创新的工作氛围,鼓励班组员工不断发现提高工作效率的技巧和降低成本的方法。

第 10 章　附则

第 40 条　编制单位

本办法由生产管理部负责编制、解释与修订。

第 41 条　生效时间

本办法自××××年××月××日起生效。

编制日期		审核日期		批准日期	
修改标记		修改处数		修改日期	

2.2.6　生产现场管理工作总结

班组长的生产现场管理工作,肩负着提升产品质量、提升生产效率、降低成本、防止工伤和重大事故的使命,承担着生产排班、现场调控、走动支持、生产监控、作业检查、突发状况处理、辅助上司等管理职能。

以下是班组长现场管理工作总结模板,供参考。

文书名称	班组长现场管理工作总结	编　　号	
		受控状态	

为了保证班组的有序生产、安全生产、效率生产,班组始终坚持按照公司的现场管理制度进行现场管理工作,本人一直在积极组织实施现场管理工作的各项内容,现对今年1~6月的工作进行如下总结。

一、现场管理工作的方法

1.完全参考"班组现场管理制度"中的工作办法,贯彻落实到实际工作中。

2.贯彻执行"抓现场,保安全,促生产"的思想观念,增强班组员工对于现场管理工作的思想认识。

3.定期开展各项培训,增强员工的交期意识、安全意识,让班组员工掌握正确生产工作的操作方法,注意提高生产效率和生产安全性。

4. 做好现场监督检查工作,对可能产生的问题做到及时发现、及时处理。

5. 完善制定突发事件的处理流程,遇到问题时迅速准确进行处理,保证现场管理工作的有序进行,保证员工的正常工作和生活。

二、现场管理工作取得的工作成果

1~6 月的工作取得的工作成果如下。

1. 保证班组按时完成了公司交付的各项生产任务。

2. 提升了员工的综合生产能力。

3. 降低了员工在生产工作中因操作不当等造成危险的概率。

4. 维护了班组正常的工作和生活秩序,避免了各类事故的发生。

三、在进行现场管理工作过程中的不足之处

1. 未能做好物料的管理工作,导致了物料的浪费,增加了生产成本。

2. 对现场的监督管理未能把握好尺度,员工压力过大,造成了少数员工流失。

四、总结

严格遵守"班组现场管理制度",确保了班组员工的安全,推进了班组的生产任务,维护了班组的生活与工作的正常秩序。在接下来的时间里,要总结前面的经验和教训,提升现场管理工作的质量。

班组长(盖章)
××××年××月××日

编制人员		审核人员		审批人员	
编制时间		审核时间		审批时间	

2.3

现场 5S 管理

2.3.1　5S 宣传

为确保 5S 推行获得最大的支持和重视,创造良好的 5S 现场管理氛围,班组长应做好 5S 推行前的宣传造势工作,使班组员工对 5S 现场管理法有基本的认识,并参与到 5S 管理中来,共同提升班组的 5S 现场管理质量。

(1) 5S 推行宣传的内容

5S 是指整理、整顿、清扫、清洁、素养。具体内容如图 2-10 所示。

(2) 5S 宣传方法

5S 宣传方法及要点如表 2-7 所示。

图 2-10 5S 推行宣传的内容

表 2-7 5S 宣传方法及要点

途径	实施要点
1.利用宣传板报	① 宣传板报应设在班组员工上下班的必经之路,如通道、休息室、换衣室等,要求空间宽敞、明亮。 ② 宣传板报内容应简明清晰,尽量少用文字,多用漫画、图片、图表等 ③ 宣传板报的颜色应鲜艳、对比强烈 ④ 宣传板报的内容应定期维护和更新,以不断吸引班组员工的关注
2.利用内部刊物	① 在班组内部刊物上发表领导强调 5S 活动的讲话 ② 在班组内部刊物上介绍 5S 活动的进展及优秀成果 ③ 班组内部刊物应放在明显且固定的地方,便于班组员工拿取及阅读
3.征集活动口号	在班组内部有奖征集 5S 活动口号,提高员工的参与度及积极性
4.张贴宣传标语	在班组生产现场张贴一些 5S 宣传标语,标语应朗朗上口,有强化作用
5.编写 5S 推行手册	① 5S 推行手册应详细介绍 5S 活动的含义、目的、推行要领及班组要求等 ② 5S 推行手册应尽量做到人手一册,班组长应做好手册的培训工作

2.3.2 整理

整理，即把工作场所的全部物品就必要性明确、严格地区分为有必要的与不必要的，并把不必要的东西尽快清理掉。

（1）推进步骤

整理的实施要做到全面，对自己的工作场所全面检查，并制定出清晰、明确的物品分类判别标准，清楚哪些东西是不必要的，哪些东西是有必要的。整理的推进步骤如图 2-11 所示。

（2）目的

① 调整生产现场的空间，使空间利用最大化、合理化。

② 减少工作现场可能产生的事故。

③ 营造一个良好、整洁的生产场所。

图 2-11　整理的推进步骤

（3）实施要点

① 现场管理工作要尽可能做到全面。

② 必需品与非必需品的区分要形成可以统一贯彻的标准。

③ 要做到每日循环，维持成果。

2.3.3 整顿

整顿，即将必需品分门别类、明确数量、做好标识，并放置在任何人都可以很方便拿到的位置，最大限度地缩短寻找和放回的时间。

（1）推进步骤

整顿是提高效率的基础，可以有效为现场工作压缩时间。整顿的推进步骤如图 2-12 所示。

图 2-12　整顿的推进步骤

（2）目的

① 整齐的工作场所，便于班组长的现场巡视与管理。

② 营造一个整洁、整齐的工作场所。

③ 减少寻找工作物品的时间，提升工作效率。

④ 去掉工作场所堆积的杂物。

（3）整顿的"三定"原则

整顿的"三定"原则如图 2-13 所示。

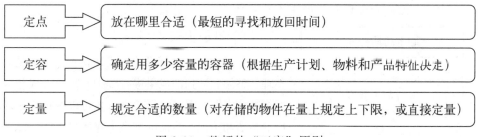

定点	➡ 放在哪里合适（最短的寻找和放回时间）
定容	➡ 确定用多少容量的容器（根据生产计划、物料和产品特征决定）
定量	➡ 规定合适的数量（对存储的物件在量上规定上下限，或直接定量）

图 2-13　整顿的"三定"原则

（4）实施要点

① 分类标准需要做到统一。

② 尽可能做到减少拿、放所用物品的用时。

③ 严格遵循"三定"原则。

2.3.4　清扫

清扫，即将现场的清扫工作进行规范化，保证设备、环境干净整洁。

（1）推进步骤

清扫工作的关键点是要做到责任化、制度化，抓住这两个关键点才能确保现场清洁，降低工业灾害发生的频率，提升品质。清扫的推进步骤如图 2-14 所示。

（2）目的

① 保证工作场所与设备的干净整洁。

② 减少生产现场意外事故的发生，保证生产安全。

③ 保证产品可以尽可能符合质量标准。

（3）实施要点

① 明确清扫责任区的范围。

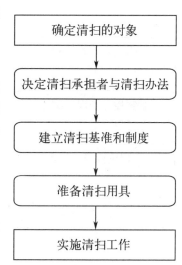

确定清扫的对象

↓

决定清扫承担者与清扫办法

↓

建立清扫基准和制度

↓

准备清扫用具

↓

实施清扫工作

图 2-14　清扫的推进步骤

② 清扫要全面、仔细。

③ 掌握清扫的要点与方法。

④ 查明污染源，处理污染源对环境的破坏，隔绝污染源。

⑤ 建立统一的清扫标准与制度。

2.3.5 清洁

清洁，即经常保持环境的干净与整洁。

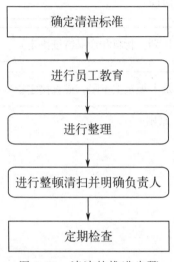

图 2-15　清洁的推进步骤

（1）推进步骤

清洁的关键点是标准化、定期检查。清洁是对整理、整顿和清扫的成果进行维护，需要形成相应的标准，定期对现场进行检查，才可以维持现场环境的整洁和美观。清洁的推进步骤如图 2-15 所示。

（2）目的

① 对整理、整顿和清扫进行落实。

② 维持整理、整顿和清扫的成果。

③ 形成标准、制度，提升现场管理工作的品质。

（3）实施要点

① 检查整理、整顿和清扫的成果，判断此 3S 的实施水平。

② 制定相应的员工考评方法。

③ 制定相应的奖惩制度并严格落实。

④ 清洁对象要全面化。

⑤ 班组长要定期进行检查，并适当提高检查频率。

2.3.6 素养

素养是员工在日常生活和工作中遵守规划，从而自然而然地形成的良好行为举止。可以通过培训、会议等手段，提高员工的综合素质，促使员工养成良好的习惯，并保证员工有规则意识，可以遵守公司的规章制度。

（1）推进步骤

素养的推进步骤如图 2-16 所示。

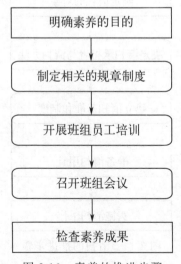

图 2-16　素养的推进步骤

（2）目的

① 培养品德、习惯和意识良好的员工。

② 打造一个积极向上、团结合作的班组。

③ 让员工可以共同维持一个干净、整洁的工作环境。

（3）实施要点

① 制定班组员工需要统一遵守的道德准则和礼仪守则。

② 明确组织班组会议和员工培训的必要性。

③ 定期开展精神文明提升活动。

④ 定期开展关于 5S 的综合教育。

第**3**章

班组设备与工具管理

3.1
班组设备管理

班组是企业生产设备的直接使用单位，设备是班组生产的重要前提，是班组赖以生存的基础。确保设备处于最佳使用状态是班组长的重要职责，想完成这一职责就需管好、用好、维护好班组的设备。

3.1.1 班组设备管理关键点

班组设备管理的关键是明确班组设备管理工作的内容，明确班组设备管理过程中的风险点，从设备管理风险点入手，防范设备在生产过程中可能产生的各种风险，有利于做好对设备的管理。

（1）班组设备管理

班组设备管理主要包括以下内容。

① 设备运行管理。即对设备运行时需注意的各项工作进行管理，确保设备运行中设备和人员的安全，提高设备工作效率和利用率。

② 设备点检与维修保养管理。即通过设备点检工作和维护保养工作，确保设备处于最佳使用状态。

③ 设备故障诊断与预防。即通过对设备的故障进行诊断，或提前针对设备可能出现的问题做好预防工作，尽早排除设备可能存在的问题。

（2）设备管理风险点

班组的设备管理风险点是班组在日常的生产生活过程中，客观存在的、有可能降低设备生产效率、使生产难以正常进行，甚至是带来经济损失或者人员伤亡的不确定因素。班组的设备管理风险点主要存在于班组设备管理工作的 7 个方面中，具体的风险点说明如表 3-1 所示。

表 3-1　设备管理风险点说明

序号	风险点	风险点说明
1	设备运行管理	① 班组未对员工进行设备操作的相关培训或培训效果不理想,降低员工工作效率,滋生安全隐患 ② 班组未编制设备运行规范,可能导致员工不规范操作,使设备产生缺陷,不能及时发现设备已有的问题,从而延误整改时机 ③ 操作人员未严格遵守设备操作的规范进行设备操作,导致设备损坏或发生人员伤亡事故

序号	风险点	风险点说明
2	设备点检管理	① 班组未制定完善的设备点检制度,未安排专职点检人员负责点检工作,导致点检工作未能有效落实 ② 点检人员未按照班组点检制度的相关规定及时完成对设备的点检工作,导致设备发生故障,影响班组生产
3	设备润滑管理	① 班组未组织设备润滑培训工作,导致润滑人员操作不规范,工作效率低下 ② 班组未制定明确的润滑标准,导致设备未达到润滑效果或过量润滑,造成润滑油脂的浪费 ③ 未按设备技术规范的要求选用润滑材料,可能导致设备的润滑毫无意义,甚至导致设备磨损 ④ 未按规定的润滑时间、部位、数量进行润滑,可能造成设备寿命减短或设备无法正常运行
4	设备维修管理	① 班组未制订设备维修计划,导致设备问题严重化 ② 班组设备维修人员未按照班组的相关规定及时进行维修,导致设备停用,影响生产进度 ③ 班组未建立完善的设备保养管理制度,班组员工未及时或者没有对设备进行保养,导致设备磨损严重 ④ 班组未对员工进行设备保养维护的技能培训,未制定设备保养维护操作规范,导致员工不能采用正确的操作对设备进行维护保养
5	设备事故管理	① 班组未定期检查设备,导致设备存在的事故隐患未能及时排除 ② 未建立设备事故应急救援机制,导致事故进一步蔓延扩大 ③ 未调查清楚设备事故起因,可能导致类似事故再次发生
6	设备 TPM[①] 管理	① TPM 管理体系构建不合理、不完善,导致 TPM 管理体系不适应企业的发展要求,给企业造成影响 ② 未使员工了解推进 TPM 管理的意义,导致 TPM 管理推进工作实施困难,不能达到预定的效果 ③ 未组织进行 TPM 管理的试推进,可能导致 TPM 管理推进工作存在的漏洞无法及时发现,从而影响工作效率 ④ 未制定 TPM 管理改善方案,未明确改善问题,可能导致 TPM 管理改善不及时
7	设备报废管理	① 企业缺乏设备报废管理相关制度,导致设备报废处理工作无章可循 ② 相关人员未按企业相关规定进行设备报废处理工作,造成企业资源的浪费

① TPM 指全面生产维护(total productive maintenance),意为在预防维护的基础上,通过持续努力改进设备以提高系统柔性、减少物料搬运并保证流程连续的维护,是以操作工人为主导的、有关人员都参加的维护。

3.1.2 设备的运行管理规范

班组长要清楚班组设备运行管理的内容，同时制定明确的班组设备运行管理制度，保证班组的设备运行过程规范化，让设备始终处于良好状态，以便班组可以正常完成自身所负责的生产任务。

（1）设备运行管理

设备运行管理是保证设备正常工作，维持班组日常生产的重要手段，也是维护生产现场管理秩序，确保安全生产的必要措施。设备运行管理的主要内容有以下几项，如图3-1所示。

图3-1 设备运行管理的主要内容

① 设备运行操作管理。班组长要建立并健全班组设备使用规范，保证班组员工可以规范作业。

② 设备运行状态管理。对班组内设备进行状态管控，定期记录设备状态，确定需要更新的设备，制订设备更新计划。

③ 设备运行安全管理。做好设备的日常巡检，监督设备的维护情况，确保设备无安全隐患。

④ 设备运行故障管理。建立班组设备的故障管理系统，做好设备诊断工作，对设备的故障问题及时进行记录并联系设备维修人员解决。

（2）设备运行管理制度

制定明确的设备运行管理制度，有利于员工做好设备运行时需要注意的各项工作，进一步保障班组的设备可以处于稳定运行的状态，促进班组生产任务的实施与推进。

以下是设备运行管理制度，供参考。

制度名称	设备运行管理制度		受控状态	
			编　号	
执行班组		监督部门	编修部门	

第1章　总则

第1条　目的

为加强对设备运行的管理,明确在设备运行过程中的职责,保证生产设备的正常运行,特制定本制度。

第2条　适用范围

本制度适用于公司所有设备的运行控制管理。

第3条　职责分工

1.车间主任负责监督各班组对本制度的执行情况。

2.班组长负责对班组的设备运行管理工作进行监督控制。

第2章　设备运行操作管理

第4条　机械设备运行规范

1.操作人员应按机械设备的技术性能正确使用设备。

2.如机械设备缺少安全装置或安全装置已失效,操作人员不得使用设备。

3.操作人员不得私自拆除机械设备上的自动控制装置、安全装置、监测装置、指示装置及报警与警示装置等。

4.新机或大修后的机械设备应注意做好机械的使用保养。

5.机械作业时,操作人员不得擅离工作岗位,不得将机械设备交给非本机操作人员操作。

第5条　电子设备运行规范

1.设备使用前,操作人员应检查设备各种开关起始位置、安全制动防护装置、电力稳压系统、电气指示及传动、润滑、气动系统是否完好、正常。

2.操作人员操作过程中,应按电子设备使用说明书合理使用,正确操作,禁止超负荷、超性能、超规范使用。

3.在设备运转过程中,操作人员不得擅自离开岗位或托人代管,暂时离开可按"暂停"按钮。

4.设备运行时,操作人员应注意异常现象,如发生故障应及时停车,并立即切断电源。

5.设备使用完毕后,操作人员应及时清理设备上的遗留物品,整理打扫工作场地。

6.操作人员应按规定做好设备养护工作。

第6条　特种设备运行规范

1.设备运行前,操作人员应做好运行前的检查工作,包括对设备的电源电压、各开关状态、安全防护装置等进行检查。

2.设备运行时,操作人员应按规定,做好设备运行记录。

3.当设备发生故障时,操作人员应立即停止运行,同时立即上报班组长,并尽快排除故障或进行抢修。

4.当设备安全防护装置发生故障,造成设备停止运行时,操作人员应根据故障的具体情况,对故障进行处理。如设备故障难以较快处理,设备使用人员应将故障上报班组长。

5.当设备发生紧急情况且可能危及人身安全时,操作人员采取必要的控制措施后,立即撤离操作现场,防止发生人员伤亡情况。

第3章 设备运行状态管理

第7条 设备运行状态检查

设备检查人员采取有效的方法对能代表设备正常运行状态的参数进行检测,并做好设备运行状态检测记录,设备主管定期检查设备运行状态,检查的项目如下。

1.设备运行中声音和震动情况。

2.运转件是否有移位、震动。

3.安全防护设施是否齐全、完好。

4.检查是否出现异常。

第8条 设备运行状态评估

设备检查人员根据对运行状态检查的数据,对设备进行评估,得出结论,做好相应的对策,以便使设备维持在良好的运行状态。

第9条 评估内容

设备检查人员评估的主要内容有以下2点。

1.分析该设备是否还能继续正常工作。

2.出现事故的概率是多少,是否报废、更新设备。

第10条 评估指标

设备检查人员常用的设备评估指标如下。

1.设备维修频率。

2.设备故障停机率。

3.设备正常工作时间。

第11条 设备运行检查记录

设备检查人员在检查设备运行状态时应做好相关的检查记录,以便设备主管定期检查。

第4章 设备运行安全管理

第12条 设备运行安全检查

设备检查人员定期检查设备,确保设备运行安全,发现问题及时报告、整改,并做好记录。

1.每个月组织一次安全工作全面检查,对设备进行全面的检验,发现问题及时处理,并及时更新那些不符合安全要求的设备。

2.设备检查人员将每天的安全情况向主管领导汇报,并填写安全日志,送主管领导审阅、签字。

第13条 安全隐患整改

对检查发现的安全隐患,由设备主管制定整改方案、方法,及时处理,安全隐患的整改措施有以下几点。

1.成立安全隐患整改领导小组,制定并执行安全隐患整改方案。

2.找出设备经常出现故障的部位,定期进行排查。

3.彻底排查事故隐患,不留死角。

第5章 设备运行故障管理

第14条 设备运行故障的预防

设备主管要制定设备故障预防措施来预防设备运行故障,确保设备运行安全和人员安全,具体预防措施有以下几点。

1.制订设备点检计划,定期进行设备点检。

2.制订设备保养、维修计划,确保设备正常运行。

3.对设备操作人员进行设备使用技术培训,使其掌握设备正确操作规程。

4.做好设备点检、维修、保养记录并定期检查。

第15条　发现故障

设备主管定期检查设备运行状况,发现设备故障及时上报设备部进行维修处理。

第16条　故障分析

设备主管对设备运行故障进行分析,找出故障的原因,分清故障的责任,总结经验教训,制定和落实防范措施,以防止和减少设备故障的发生。

第17条　设备运行故障的处理

设备运行过程中出现故障,设备操作人员要及时上报主管部门进行处理,具体处理措施如下。

1.发现故障,及时上报,保护现场。

2.维护现场秩序,确保人员安全。

3.查明原因,确认事故责任,提出事故处理建议。

4.启动故障应急处理措施。

5.召开设备故障总结会议,总结经验教训,制定预防措施。

第18条　设备运行故障的报告

设备主管在故障处理完成后,编制设备运行故障报告,故障报告内容包括以下几点。

1.故障名称。

2.故障的起止时间。

3.设备发生故障的原因。

4.设备的损坏情况。

5.设备故障的处理情况。

第6章　附则

第19条　编制单位

本制度由设备管理部负责制定、修订和解释,经总经理审批后生效。

第20条　生效时间

本制度自××××年××月××日起生效。

编制日期		审核日期		批准日期	
修改标记		修改处数		修改日期	

3.1.3　设备点检与维修保养

设备点检与维修是发现并解决设备故障的两大法宝,设备点检可以帮助设备管理者尽早发现设备存在的故障,设备维修可以解决设备损坏带来的存在的潜在风险或者是故障问题。保证了设备的健康,才能够保证生产的顺利进行以及企业的经营活动不会受损。

（1）设备点检与维修

① 设备点检。设备点检是一个对设备上的规定部位进行预防性检查的过程，是一种周期性的设备检查方式，更是一种精细化的设备管理制度，其目的是对设备故障隐患做到早发现、早解决。设备点检的主要内容如图 3-2 所示。

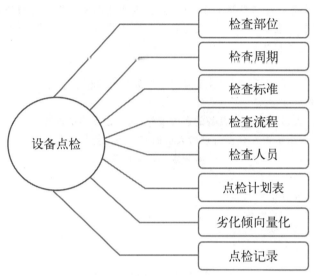

图 3-2　设备点检的主要内容

② 设备维修。为了使班组的设备保持良好的状态，维持正常的生产秩序，完成车间交付的任务，班组应做好设备维修的相关工作。设备维修主要包括三项内容，具体如图 3-3 所示。

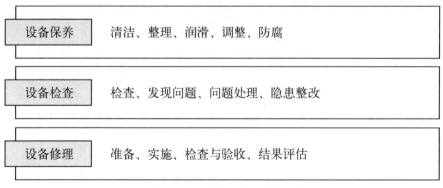

图 3-3　设备维修的主要内容

（2）设备点检与维修管理制度

以下是设备点检与维修管理制度，供参考。

制度名称	设备点检与维修管理制度		受控状态	
			编　号	
执行班组		监督部门	编修部门	

第1章　总则

第1条　目的

为了规范设备点检和维修工作,确保点检人员能够及时发现并解决设备的潜在隐患,规范生产设备的维修工作,使设备保持良好的工作状态,延长设备的使用寿命,降低生产成本,特制定本制度。

第2条　适用范围

本制度适用于对设备点检工作和维修工作进行管理和控制。

第3条　管理职责

1.设备点检人员负责做好设备的点检工作,防止设备事故的发生。

2.各车间、班组负责配合设备点检人员做好设备的点检工作。

第2章　设备保养

第4条　设备的保养

分为日常保养和定期保养。

第5条　设备的日常保养

分为每班保养与节假日保养。

1.设备的每班保养。

(1)设备操作人员在上班前应对设备进行点检,查看有无异状并分析上个班组的设备运行记录。

(2)设备操作人员应在设备启动前按照设备润滑图标的规定对设备进行润滑处理。

(3)确保设备无误后,进行设备运转调试,待设备的各个部分运转正常后,方可进行工作。

(4)在设备的运行过程中要来回巡检,发现设备异常立即进行停机处理,并及时通知班组长,由班组长联系设备管理专员进行处理。

(5)每日下班前,设备操作人员应检查设备运行记录是否填写完整,并用20分钟左右的时间清理设备,切断电源、清理工作场地,确保设备的干净、整洁。

2.设备的节假日保养。

遇有节假日,设备操作人员应花费90分钟左右的时间彻底地清洗设备、清除油污、进行润滑及环境清理,并由班组长进行统一检查。

第6条　设备的定期保养

设备的定期保养分为一级保养和二级保养。

1.设备的一级保养。

(1)设备的一级保养原则上以3个月为周期,干磨多尘的设备以1个月为周期。

(2)设备的一级保养以设备操作人员为主、设备维修人员为辅。

(3)设备一级保养的操作要点主要有以下内容。

① 拆卸指定部件、箱盖及防尘罩等,进行彻底清洗。

② 疏通油路、清洗过滤器,更换油线、油毡、滤油器、润滑油等。

③ 补齐手柄、手球、螺钉、螺帽、油嘴等机件,保持设备的完整。

④ 紧固设备的松动部位,调整设备的配合间隙,更换个别易损件及密封件。

⑤ 清洗导轨及各滑动面,清除毛刺及划痕。

2.设备的二级保养。

(1)设备的二级保养原则上每半年进行一次,也可在生产淡季进行。

(2)生产设备的二级保养以设备维修人员为主,设备操作人员为辅。

(3)生产设备二级保养的操作要点。

① 对设备的部分装置进行分解并检查维修,更换、修复其中的磨损零部件。

② 更换设备中的机械油。

③ 清扫、检查、调整电气线路及装置。

第3章 设备点检

第7条 设备点检方法

设备点检人员进行生产设备点检时可采用"五感点检法"和"技术诊断法"两种方法。

1.五感点检法,即运用人的视觉、听觉、触觉、嗅觉、味觉的五感机能来判定设备的状态。

2.技术诊断法,即当对设备的精密度要求较高、五感点检法不能满足点检需要时,设备部应运用技术诊断法对设备进行点检。

第8条 设备点检的工具要求

1.对于设备日常性点检,设备点检人员可运用普通的点检工具进行检查。

2.当对设备进行定期性点检、精密性点检和重点性点检时,设备点检人员则必须运用专业、精密的点检工具来进行检查。

第4章 设备点检实施

第9条 确定设备点检项目

设备主管应预先确定设备中发生频率较高的部位,明确设备点检工作的方向。

第10条 编制设备点检计划

1.设备主管根据点检部位的难易程度或发生故障的概率等编制设备点检计划,计划中应明确点检的主要内容、点检人员的责任分工、点检工作的周期。

2.设备点检的相关计划应交由设备主管进行审批。

第11条 确定设备点检标准

点检计划编制完成后,设备主管明确设备点检标准,并制定设备的点检规范。

第12条 设备点检通知

1.设备点检人员应于设备点检工作开始前,将设备点检计划传达到各车间。

2.车间主任需及时通知各班组,做好配合设备点检工作的准备。

3.各班组由班组长统一领导,负责配合设备点检人员开展设备点检工作。

第13条 日常性点检

日常性点检由各班组自行负责,每月做好记录,由车间主任汇总各班组的设备点检情况后,提交给设备主管进行审查。具体的点检事项如下所示。

1.设备操作人员运用五感点检法进行设备的日常性点检,并做好设备日常性点检的记录工作。

2.在日常性点检工作中,设备操作人员若发现设备问题,应及时反馈给班组长,由班组长上报相关部门及人员,防止出现重大生产安全事故。

3.根据设备操作人员反馈的设备点检问题,设备主管应指派设备点检人员对该点检问题进行检查鉴定,确认问题的严重程度及是否需要进一步上报。

第14条　定期性点检

为了确保设备达到符合生产要求的生产性能,设备管理专员应定期组织相关人员对设备进行点检。具体的点检事项如下所示。

1.设备定期性点检工作必须严格遵照周期进行,以便及时地发现设备隐患并排除故障。

2.设备管理专员需组织设备点检人员对设备进行点检,以准确判定设备的状态,排除设备潜在风险。

3.设备点检员应收集和整理定期性点检工作得到的数据与资料,对不同时间段收集到的资料进行对比分析,便于及时发现设备的隐患。

第15条　精密性点检

为了保证设备达到规定的性能和精度,设备主管应做好设备的精密性点检计划及安排工作。具体的点检事项如下所示。

1.精密性点检工作应作为日常性点检和定期性点检的补充和完善,由设备主管根据实际需要制定点检周期。

2.精密性点检工作必须由设备点检人员和质量管理专员负责,以保证精密性点检的质量。

3.精密性点检的内容应包括设备劣化的倾向检查与异常诊断、主要故障状况的调查分析和设备故障的修复方案。

4.设备的精密性点检应运用技术诊断法和专业的测试仪器进行检查,必要时可对设备进行解体检查。

5.设备点检人员应收集整理点检数据,并定期进行汇总分析,判断设备运行状况。

第16条　重点性点检

为了保证生产的正常进行,设备经理应定期组织相关人员对重点设备进行点检。具体的点检事项如下所示。

1.重点性点检工作必须由设备点检人员、质量管理专员和设备技术专员等专业人员负责,以保证点检的质量。

2.设备点检人员实施设备重点性点检时,应借助专业的测试仪器等,并通过技术诊断法对设备实施重点检查。

3.质量管理专员和设备技术专员负责配合设备点检人员分析设备点检数据。

4.设备点检人员应收集整理点检数据,并定期进行汇总分析,判断设备运行状况。

第5章　设备点检的注意事项

第17条　点检的安全事项

在实施设备点检工作的过程中,设备点检人员应注意设备点检工作的安全问题,具体的注意事项如下所示。

1.设备点检人员在检测设备前应首先确定设备已经停止运转、各类开关已经闭合良好等。

2.在对设备进行点检时,设备点检人员应戴好相关安全防护用品(劳动保护手套、防砸鞋等),在有辐射危害场所进行点检时,应穿戴好防辐射工作服。

3.设备点检人员在井内进行作业时,应注意井内有无进水,井壁有无损坏塌陷,井内有无杂物,穿戴好防水安全装备。

4.设备点检人员在进入配电室或接触带电设备时,必须做好绝缘措施,并注意保持与周围建筑物、树木留有安全距离。

5.设备点检人员确认设备完好后,如需开动设备进行调试,调试前应通知作业区内所有人员注意安全。

第18条 设备点检后续管理要求

1.设备经理和设备主管应加强设备的点检管理,提高点检工作质量和效率。

2.设备主管应跟踪管理重要设备的运行状态,定期分析设备的故障曲线和性能曲线,并监督指导设备安全隐患的整改工作。

3.各车间、班组应积极配合设备的点检工作,为点检工作创造有利条件,对点检工作发现的问题要及时进行协调解决。

4.设备点检人员应对每台单机设备建立技术档案,设备点检记录必须定期归档,保存时间不少于6个月。

5.设备点检人员需要严格控制设备点检工作的进度,按时完成设备点检计划。当遇到突发状况,如需要延长点检时间或增加点检预算时,设备点检人员应就实际情况向设备经理与设备主管提交修改设备点检计划的申请,得到审批后才可修改设备点检计划,否则由设备点检人员承担相应责任。

第6章 设备故障报修处理

第19条 设备故障报修

设备出现故障后,设备操作人员应立即停机并通知班组长,班组长在了解情况后须填写"设备故障报修单",经车间主任签字确认后,提交给设备维修主管。

第20条 确定处理方式

1.设备维修专员应根据设备故障的严重程度及维修难度确定处理方式。

2.一般常见且维修难度较低的故障,设备维修专员可指派设备维修人员对设备进行维修。

3.疑难、重大、复杂性故障,则必须上报设备主管,并由设备主管编制"设备维修计划"后,按计划开展维修作业。

第7章 设备维修作业

第21条 设备维修作业要求及注意事项

1.生产设备的使用班组应在规定日期将设备移交给设备维修人员,并填写"设备交修单",双方确认无误后完成设备的交接。

2.如果在生产现场进行维修,生产设备的使用班组在移交设备前应将生产现场清理干净,腾出维修所需要的场地。

3.设备维修人员在检查设备后,应尽快提出需要进行临时加工的配件清单,提交给相关部门进行准备。

4.各生产车间的车间主任应根据设备维修作业状况调整生产,并积极配合维修作业,防止发生窝工、怠工现象。

第8章 设备维修验收与费用

第22条 维修人员自检

设备维修完毕,维修人员应进行空转试验及精度检验自测,一旦发现问题应及时调整。

第 23 条　验收车间检验

负责设备验收的车间应在空运转试验、负荷试验及精度验证后方可办理验收手续。

第 24 条　填制"设备维修报告"

设备维修验收通过后,设备维修人员应与生产车间办理设备权利交还手续,并填写"设备维修报告",由车间主任进行签字确认。"设备维修报告"一式三份,设备主管、设备维修人员和生产车间各留一份。

第 25 条　费用核算

设备维修完成后,设备主管应进行设备维修的财务核算,并报财务经理进行相关的财务处理。

第 9 章　附则

第 26 条　编制单位

本制度由设备管理部负责制定、修订和解释,设备经理审批后生效。

第 27 条　生效时间

本办法自××××年××月××日起生效。

编制日期		审核日期		批准日期	
修改标记		修改处数		修改日期	

3.1.4　设备故障的诊断和预防

班组设备故障的诊断和预防,主要是为了及早发现并排除班组设备存在的故障或隐患,这样有利于解决班组在生产过程中可能存在的问题,同时降低意外事故发生的可能性,保证班组可以正常进行生产。

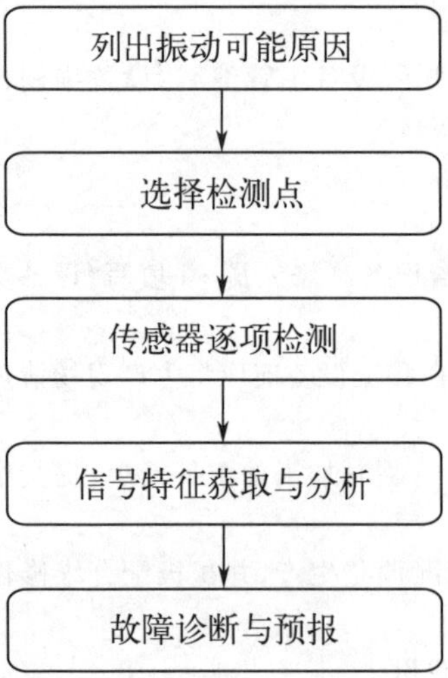

（1）设备故障诊断

班组长在日常管理工作中要关注设备运行情况,对设备异常做出准确的判断,这样才能够及早解决设备存在的问题保证生产的顺利进行。在班组中,常用的设备故障诊断方法有三种,具体如下所示。

① 振动诊断法。振动诊断法是通过设备振动信号的测量、分析与处理,判断设备故障的方法,具体的实施过程如图 3-4 所示。

② 声学诊断法。声学诊断法即通过设备噪声信号分析,识别噪声源,并以此诊断设备故障的方法。企业中常用的声学诊断法有超声波检测

图 3-4　振动诊断法的实施过程

流程图内容:
列出振动可能原因 → 选择检测点 → 传感器逐项检测 → 信号特征获取与分析 → 故障诊断与预报

法、声发射检测法和噪声检测法三种，其内容如表 3-2 所示。

表 3-2 声学诊断法的内容

方法类别	方法说明
超声波检测法	是利用超声波检测仪向设备发射超声波，并接收、分析反射波，以确定设备故障的方法，适用于检测设备零部件的缺陷
声发射检测法	是利用检测设备金属材料在内外力作用下发出的弹性波信号从而诊断设备故障的方法，适用于诊断设备裂缝
噪声检测法	是利用检测设备喂声信号的声压与声强辨别噪声源诊断设备故障的方法

③ 油液分析技术诊断法。油液分析技术诊断法是利用分析油液所携带的设备工况信息，诊断设备故障的方法。油液分析技术诊断法主要适用于液压设备的故障诊断，目的是确定设备磨损状态、磨损部位及磨损机理。油液分析的主要内容如图 3-5 所示。

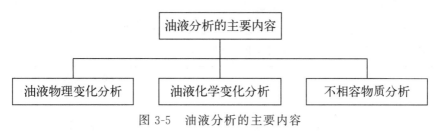

图 3-5 油液分析的主要内容

（2）设备故障预防

故障预防主要是在故障发生前，对设备做好状态监控、设备巡检等工作。通过故障预防管理工作，班组可以对设备可能发生的异常情况做到早发现、早处理，以保证工作任务的正常进行。设备故障预防工作主要由设备管理部、生产车间及班组进行管理。

① 设备管理部故障预防工作。

a.加强设备、仪表的管理，重点要抓好设备、仪表的巡检工作，除了参与"三检"的维修人员，其他人员也要根据自己所负责的设备，按照规定的路线和巡检内容，每周至少 5 次巡检，并做好记录。

b.设备管理部要做好设备故障信息的收集、分析、处理和统计工作，确定设备故障属于小修、中修、大修的范畴，根据故障的性质顺延大修、中修、小修的检修周期，并做好登记工作。

c.抓好设备检修质量的控制，严格检验配品备件的质量，不合格的配品备件应杜绝使用。严格执行设备检修规程，提高维修队伍的素质。

d. 按月公布生产现场各种设备的故障情况及考核结果。

② 生产车间及班组故障预防工作。

a. 生产车间及班组要严格按照 ISO9001 质量管理体系运行设备，及时填写设备故障报告或纠正预防措施实施反馈单，报设备管理部和生产管理部，及时按照预防措施控制程序实施纠正。

b. 生产车间及班组每周都要对本区域的关键设备进行一次状态监测，并及时在设备状态监测记录台账上登记，并适当增加监测次数，最后要形成状态监测案例报设备管理部备案。

c. 每个月，生产车间及各班组要对设备故障情况开一次分析总结会，探索设备零故障工程管理的新途径。分析会要实事求是，全方位考虑，积极采取有效措施，力求达到设备零故障的目标。

3.1.5 仪器、仪表使用规程

仪器、仪表在班组的生产过程中扮演着重要的角色，仪器、仪表不仅可以提高班组的工作效率，还是班组精确化生产的基础。保证仪器、仪表的正常使用，延长仪器、仪表的使用寿命，是班组长进行设备管理工作的必修课之一。

以下是班组仪器、仪表使用规程，供参考。

规范名称	班组仪器、仪表使用规程		受控状态	
			编　　号	
执行班组		监督部门	编修部门	

第 1 章　总　则

第 1 条　目的

为加强对班组所用仪器、仪表的管理和使用,确保班组仪器、仪表精准并延长仪器、仪表的使用寿命,特制定本规程。

第 2 条　适用范围

本规程适用于班组仪器、仪表的管理和使用。

第 3 条　职责分工

1. 车间主任负责将本规程向各班下达,并监督各班组的执行情况。

2. 班组长负责现场落实本规程,监督班组员工按照本规程进行现场操作。

第 2 章　仪器、仪表质量控制

第 4 条　合格性检查

所有仪器、仪表在投入使用前必须进行合格性检查,检查通过后方能使用。

第 5 条　贴标

所有仪器、仪表应根据检查结果贴上合格、准用、停用三种标识。

第 6 条　统一检查

所有投入使用的仪器、仪表,均需按一定周期进行统一检查。

第 7 条　仪器、仪表自校

班组自校检测仪器、仪表时,由设备运行主管指定的检测人员按规定的校验周期,根据专用检测程序进行自校,校验合格后由质量管理员统一贴上检查结果标识。

第 8 条　记录并处理问题

班组长在生产工作中如发现仪器、仪表存在问题,应及时做好记录并进行处理。

第 9 条　质量管理员专门记录

班组内仪器、仪表每次检查的结果均应由质量管理员进行记录。

第 3 章　仪器、仪表的管理

第 10 条　保管规定

仪器、仪表的保管人员由质量管理部确定,使用人员在使用仪器、仪表设备前应征得保管人员同意并填写使用记录。

第 11 条　交接仪器、仪表

仪器、仪表在使用前后,由使用人员和保管人员共同检查仪器、仪表的状态,确认无误后进行交接并记录。

第 12 条　保管人员的职责

仪器、仪表设备的保管人员应参加新购进仪器、仪表的验收、安装、调试工作,填写并保管仪器、仪表档案和使用记录。

第 13 条　仪器、仪表的后续处理

仪器、仪表设备的保管人员应负责仪器、仪表的降级使用及报废申请等事宜。

第 14 条　持证使用

使用贵重、精密、大型仪器、仪表的班组员工,均应经培训考核合格,取得操作许可证。

第 15 条　清洁与日常维护

仪器、仪表保管人员应负责所保管仪器、仪表设备的清洁与日常维护。

第 16 条　定期通电

长期不用的电子仪器、仪表,每隔三个月应通电一次,每次通电时间不得少于半小时。

第 17 条　专器专用

检测仪器、仪表设备不得挪作他用,不得从事与工作任务无关的其他事情。

第 18 条　规范使用环境与场所

全部仪器、仪表设备的使用环境与场所应满足说明书的要求。

第 4 章　仪器、仪表的维修、保养、降级与报废

第 19 条　维修

1.仪器、仪表出现一般故障,班组员工若有能力,可自行检修,员工若不能自行检修,则应填写仪器、仪表维修申请,并在一天内提交给班组长,由班组长组织人员进行维修。

2.待修的仪器、仪表应有明显的标识,表示该仪器、仪表不可使用。

3.维修后的仪器、仪表由质量管理员对其进行验收,并在维修单上签字。

第 20 条　保养

1.仪器、仪表安装使用的环境条件应符合技术要求。

2.仪器、仪表应有序摆放,周围空间不能堆放有碍操作的其他物品。

3.仪器、仪表使用人员应严格按仪器、仪表的技术要求进行日常维护保养,使仪器、仪表始终处于良好的运行状态。

4. 仪器、仪表外观应保持清洁，无油污，无灰尘，无锈蚀。

5. 仪器、仪表使用完毕后，应放回固定位置并摆放整齐。

第 21 条　降级与报废

1. 当仪器、仪表的使用性能降低或仪器、仪表损坏时，应办理降级使用或报废手续。

2. 凡需降级使用的仪器、仪表均应由各班组提出申请，由设备管理专员确定设备状态，提出继续使用的相关建议，经由设备主管批准后实施。

3. 凡报废的仪器、仪表均应由班组长填写"仪器、仪表设备报废申请单"，提交给车间主任和设备主管进行确认，并填入设备档案。

4. 降级使用情况和报废情况均应载入设备档案。

第 5 章　附则

第 22 条　编制单位

本制度由设备运行主管负责编制、解释和修订。

第 23 条　生效时间

本办法自×××× 年 ×× 月 ×× 日起生效。

修订记录	修订标记	修订处数	修订日期	修订执行人	审批签字

3.2
班组工具管理

3.2.1　班组工具管理关键点

班组在工作任务中会使用到的工具可能是多种多样的，做好工具管理可以有效提高班组所有员工的工作效率，也可以有效降低生产事故的发生概率，班组工具管理工作中的关键点如表 3-3 所示。

表 3-3　班组工具管理关键点

序号	关键点	关键点说明
1	工具领用管理	① 领用的工具需按时归还，若不能按时归还，需提交延期使用申请并说明原因 ② 遇到紧急生产任务时，需由班组长尽快提交紧急领用申请 ③ 领用出库的工具，班组员工应对工具的品种、规格、数量、附件及入库合格证进行检查，检查无问题后才可投入使用

序号	关键点	关键点说明
2	工具使用管理	① 工具使用前要对工具进行检查,检查无问题后才可使用 ② 工具使用时必须遵守工具的使用要求 ③ 工具使用后要注意按照班组内统一要求进行放置,以方便下一次的使用
3	工具维护管理	① 工具需要定期进行清洁,清洁完毕后应把工具放回原本所处的位置并摆放整齐 ② 损坏的工具要及时上报进行维修或者更换,避免造成安全事故或影响工作任务
4	工具更新管理	① 明确工具更新的必要条件,不能随意更新工具 ② 工具更新时,交还旧的工具才能领用新的工具
5	工具整顿管理	① 合理规划工具的使用,尽可能延长工具的使用寿命 ② 按照安排做好工具的取用与存放工作,减少这两个环节用时,提升工作的效率

3.2.2 班组工具使用规程

班组工具是设备的补充,工具往往不会占太大的体积,但是相比于设备更容易因为使用而损坏。班组需要制定相应的工具使用规程,让班组员工可以按照规程使用物品,降低物品的损坏率,提高班组的工作质量。

以下是班组工具使用规程,供参考。

规范名称	班组工具使用规程		受控状态	
			编 号	
执行班组		监督部门	编修部门	

第 1 章　总则

第 1 条　目的

为了规范工具的使用流程,确保班组工具的合理使用、及时领用,保证班组生产的有序进行,特制定本规程。

第 2 条　适用范围

本规程适用于班组内所用工具的使用等相关工作事项。

第 3 条　职责分工

1. 车间主任负责监督各班组对本制度的执行情况。

2. 班组长负责监督班组员工的工具使用规范情况。

第2章　工具的领用

第4条　工具的领用条件

1. 工具的领用必须在领用标准范围内。

2. 换领必须是以旧(坏)换新,旧的工具必须保持部件齐全。

3. 各生产班组生产领用非本生产班组领用范围内的工具,需经生产车间主任签字同意后方可领用。

第5条　工具的临时领用

1. 临时领用工具时,须填写工具借用申请。

2. 在申请上注明借用工具名称、规格、数量、借用原因、借用时间、归还时间及借用人等相关信息。

3. 提交的借用申请应交给班组长进行审批,班组长审批借用申请无误后,提交工具管理专员审核,车间主任审批。

4. 持审批通过的借用申请方可领取工具,领用时应核对和检查工具的品种、规格、数量、附件及入库合格证,核对无误后,在借用记录上签字确认。

5. 工具使用完毕后,应及时归还借用的工具,确保工具可以按时归还。

6. 若在归还日期后仍须使用工具,需提交延期归还申请,注明延期原因、最终归还时间,上报班组长审核。

7. 提交延期归还申请后应到工具管理部门进行备案。

第6条　工具的长期领用

1. 班组长需要定期统计工具使用情况,统一做好记录。

2. 班组长要根据班组工具使用情况及班组生产任务的实际情况,制作班组工具领用清单。

3. 班组长要将工具领用清单提交工具管理专员审核,车间主任审批。

4. 领用清单审批无误后,班组长持领用清单,组织班组员工,统一进行工具领取,领用时应核对和检查工具的品种、规格、数量、附件及入库合格证,核对无误后,在领取记录上签字确认。

5. 若遇紧急情况需领用相关工具的,班组长须填写工具紧急领用申请,并注明需领用的工具及紧急领用原因。

6. 班组长要及时将紧急领用申请提交工具管理专员审核,车间主任审批。

7. 工具管理专员和车间主任要优先审批紧急领用申请。

第3章　工具的使用、维护和更新

第7条　工具的使用

1. 使用工具前,需要检验工具是否完好。

2. 检验工具完好无误后方可使用,使用时要遵守工具的使用要求。

3. 工具使用完毕后,按照要求将工具摆放,并放回指定位置。

4. 每天对工具使用情况进行记录。

5. 班组长需做好现场巡查工作,及时阻止班组员工的违规操作行为。

第8条　工具的保养

1. 定期清洁使用的工具,清洁工具时需要按照规定的清洁方法和要求进行清洁。

2. 定期做好相关工具的保养润滑工作并做好金属类工具的防锈工作。

3. 定期按照要求调整工具的精确度。

4. 保养工具完毕后,清点工具数量。

5. 将工具按照要求放回存放处妥善摆放,确保摆放整齐。

第9条 工具的损坏

1. 工具损坏时要及时上报,报告内容包括领用人员、领用日期、损坏原因等。

2. 班组长根据报告分析工具的损坏原因,确定相关责任人并按照损坏工具的规定进行处理。

3. 班组长根据报告分析工具的损坏情况,判断工具下一步是进行维修还是进行更新。

第10条 工具的维修

1. 班组长确定工具维修需求后,需填写工具维修申请并提交维修部门。

2. 维修部门修理工具完毕后,班组长需组织对工具的维修情况进行检查,无误后方可将工具投入使用。

3. 班组长需做好工具的维修情况记录。

第11条 工具的更新

1. 工具难以维修、维修失败和维修成本较高时,需对工具进行更新。

2. 班组长确定工具更新需求后,需填写工具更新申请,提交工具管理专员审核、车间主任审批。

3. 工具更新申请通过后,班组长持工具更新申请,领用新的工具并交还旧的工具。

4. 班组长需做好工具的更新情况记录。

第4章 工具的整顿

第12条 工具的整顿

1. 规划工具使用情况,在确保任务可以完成的情况下,尽可能减少使用工具的种类。

2. 工具尽量摆放在作业现场附近的地方,减少因使用工具而移动的距离。

3. 常用工具由使用者负责管理,不常用工具由班组长统一进行管理。

4. 常用工具的使用者应当在常用工具上做好标记。

5. 班组长要规划出公用工具的存放位置,供员工进行统一存放。

6. 生产所需模具,由班组长根据班组生产特点及模具使用要求,设置摆放位置并编号。

第5章 附则

第13条 编制单位

本规程由生产管理部负责编制、解释与修订。

第14条 生效时间

本规程自××××年××月××日起生效。

修订记录	修订标记	修订处数	修订日期	修订执行人	审批签字

3.3

班组数智设备与工具管理

在以人工智能、信息技术、区块链、大数据为代表的第四次工业革命浪潮中，任何企业都无法置身事外，生产型企业只有不断推进产业融合，不断引进数智设备与工具，将其运用到研发与生产管理中，生产出"人无我有，人有我优"的高质量产品，才能在竞争激烈的市场环境中抢占先机，提高自身的竞争力水平。

3.3.1 班组数智设备与工具管理关键点

数智设备与工具是班组进行智能化生产的基础，管理好数智设备与工具，班组才能正常进行智能化生产，保证生产任务如期交货。班组长作为一线班组的负责人，更应该注意做好数智设备与工具的管理工作。班组数智设备与工具管理关键点如表 3-4 所示。

表 3-4　班组数智设备与工具管理关键点

序号	关键点	关键点说明
1	数智设备与工具使用管理	① 班组员工在使用数智设备与工具前,均应接受相关培训,并接受考核测试,通过后方可使用 ② 使用数智设备与工具前,需对数智设备与工具进行检查,无误后方可使用 ③ 使用数智设备与工具时,必须遵守数智设备与工具的使用要求 ④ 使用数智设备与工具完毕后,需按照要求将数智设备与工具放回指定位置,方便下次拿取和使用
2	数智设备与工具维护管理	① 需定期对数智设备与工具进行故障排查 ② 需定期对数智设备与工具进行清洁,清洁完毕后应把工具放回原本所处的位置并摆放整齐 ③ 若数智设备与工具损坏,需及时上报维修申请,严禁班组员工自行维修
3	数智设备与工具更新管理	① 班组长要注意检查数智设备与工具是否需要进行系统更新 ② 数智设备与工具每次更新均应做好记录
4	数智设备与工具监督与控制管理	① 合理规划工具的使用,尽可能延长工具的使用寿命 ② 数智设备与工具需明确第一责任人,以防意外损毁或丢失

3.3.2 班组数智设备与工具使用规程

班组是使用数智设备与工具进行生产的主要单位，随着数智设备与工具在班组的普及与运用，亟须编制出数智设备与工具的使用规程，用规程培训和指导班组员工正确使用数智设备与工具。下面是班组数智设备与工具使用规程，供参考。

规程名称	班组数智设备与工具使用规程		受控状态	
			编　号	
执行班组		监督部门	编修部门	

第1章　总则

第1条　目的

为培训、指导、规范班组员工正确使用数智设备与工具，做好班组数智设备与工具的管理工作，特制定此规程。

第2条　适用范围

本规程适用于班组数智设备与工具的管理及使用工作。

第3条　职责分工

1. 车间主任负责监督班组长和班组员工关于数智设备管理的各项工作。

2. 班组长负责数智设备的日常管理，互相监督班组员工数智设备与工具的规范操作、使用。

第2章　数智设备使用

第4条　培训

1. 班组长在车间主任的组织与监督下，参与数智设备的培训，然后参与理论与实操考核，综合分90分以上为合格。

2. 班组长考核通过后负责协助技术部专家开展对班组员工的培训工作，综合分80分以上可通过考核。

3. 班组员工互相培训、互相学习，以老带新，以熟带生，提升培训效率。

第5条　使用

1. 班组长制订数智设备的使用计划，做好使用之前的准备工作，包括调试和准备数智设备专属配套工具、专属防护用品等。

2. 将使用计划报车间主任审批，审批通过后传达至班组员工，组织班组员工做好准备工作。

第6条　操作

1. 班组员工按照使用计划，按既定程序，规范操作数智设备。

2. 班组长指导与监督班组员工操作数智设备。

第7条　维护

1. 班组长按照技术部专家的要求，参考数智设备使用说明书，制定《数智设备维护规范》。

2. 班组长组织与监督班组员工做好数智设备的日常维护与保养工作。

第8条　故障报修

数智设备发生故障，应立即按流程报修，严禁擅自维修。

第 9 条　更新

1.班组长应提前获知数智设备的系统更新信息,包括更新内容、版本号、所需时间等内容,合理协调系统更新的时间,确保不打断原定的生产计划。

2.组织班组员工做好数智设备系统更新的记录,全程观察系统更新进度,发现问题迅速向车间主任汇报。

3.每次系统更新后都应根据系统更新的内容,做好培训、操作、安全、现场等管理工作。

第 10 条　监督与控制

车间主任不定期抽查班组数智设备的管理工作,实施奖惩工作。

第 3 章　数智工具使用

第 11 条　领用

1.领用的数智工具需按时归还,若不能按时归还,需提交延期使用申请并说明原因。

2.遇到紧急生产任务时,需由班组长尽快提交紧急领用申请。

3.领用出库的数智工具,班组员工应对数智工具的品种、规格、数量、附件及入库合格证进行检查,检查无问题后才可投入使用。

第 12 条　使用

1.使用前,要对数智工具进行检查,检查无问题后才可使用。

2.使用时,必须遵守数智工具的使用要求。

3.使用后,要注意按照班组内统一要求放置数智工具,以方便下一次的使用。

第 13 条　维护

1.数智工具需要定期进行清洁,清洁完毕后应把工具放回原本所处的位置并摆放整齐。

2.损坏的数智工具要及时上报进行维修或者更换,避免造成安全事故或影响工作任务。

第 14 条　整顿

按照安排做好数智工具的取用与存放工作,减少这两个环节的用时,提升工作的效率。

第 15 条　监督与控制

1.严格执行数智工具的存放管理制度,数智工具的使用者即为数智工具的第一责任人,数智工具的损毁和遗失皆由第一责任人负责。

2.车间主任和班组长要监督其他班组员工,而员工之间要互相监督,举报不规范的数智工具管理工作的员工可以获得一定奖励。

3.奖惩工作由车间主任实施。

第 4 章　附则

第 16 条　编制单位

本规程由设备管理部负责编制、解释与修订。

第 17 条　编制依据

本规程参照《数智设备与工具管理制度》《车间数智设备与工具使用规程》等文件制定。

第 18 条　生效时间

本规程自××××年××月××日起生效。

编制日期		审核日期		批准日期	
修改标记		修改处数		修改日期	

第 4 章

班组物料领用与使用管理

4.1

物料领用管理

4.1.1 物料领料管理

班组物料定额是领料管理工作的基础，是班组长进行材料控制的重要手段。科学合理的物料定额可以有效控制物料数量和质量，降低库存成本，从源头上杜绝物料的浪费。

（1）班组物料定额

物料定额可以分为数量定额、价值定额、单项定额和综合定额四类，具体如图 4-1 所示。

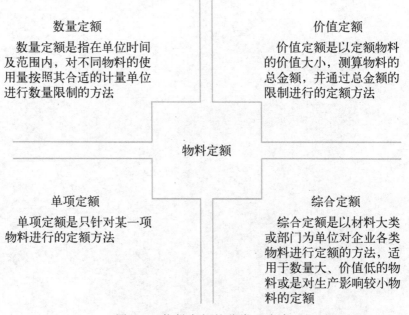

数量定额

数量定额是指在单位时间及范围内，对不同物料的使用量按照其合适的计量单位进行数量限制的方法

价值定额

价值定额是以定额物料的价值大小，测算物料的总金额，并通过总金额的限制进行的定额方法

物料定额

单项定额

单项定额是只针对某一项物料进行的定额方法

综合定额

综合定额是以材料大类或部门为单位对企业各类物料进行定额的方法，适用于数量大、价值低的物料或是对生产影响较小物料的定额

图 4-1　物料定额的分类及内容

班组长明确物料定额的类型后，按照物料定额方法（如图 4-2 所示），计算出定额水平，然后拟定物料消耗定额标准，经审批通过后，下发至班组，班组按定额领用物料。

1	经验判断法是需要班组长依靠经验对物料的消耗量进行确定的一种定性和定量分析相结合的判断方法
2	统计分析法是班组长对各种生产统计数据进行分析、整理、归纳和总结，推算出物料消耗定额的一种方法
3	实际测试法是班组长对生产现场的物料耗用量进行测试，根据测试结果确定物料定额指标的一种方法
4	工艺计算法是班组长根据产品设计资料和相关工艺资料计算出物料消耗定额的一种方法

图 4-2　物料定额方法

（2）填写领料单

班组员工在领用物料前，应准确、规范地填写领料单（如表 4-1 所示），交由班组长、车间主任审核，经审核通过后领取所需物料。

表 4-1　班组领料单

领料班组				班组编号			
领料员				班组长			
物料用途说明							
物料形态说明	□原材料　□辅料　□半成品　□成品　□不良品　□其他						
物料编号	品名规格	申领数量	实发量	不足量	单价	发料人	备注
复核	班组物料管理员			领料员签收			
	车间主任						

（3）班组物料领用管理制度

班组长应结合班组的实际情况，制定班组的物料领用管理制度，对物料领用进行制度化管理，规范班组物料领用管理工作，加强班组对物料领用的监控，减少物料浪费现象的发生。

以下是班组物料领用管理制度，供参考。

制度名称	班组物料领用管理制度		受控状态	
			编　　号	
执行部门		监督部门	编修部门	

第1章　总则

第1条　目的

为规范本班组物料领用流程,控制物料出库数量,确保领料数量能满足生产的需要,减少物料的浪费与损耗,特制定本制度。

第2条　适用范围

本制度适用于班组的物料领用管理工作。

第3条　职责分工

领料工作中的班组各员工职责如下。

1.班组物料管理员负责办理领料手续,核对领料单的信息,发放物料。

2.物料领料员负责按物料消耗定额标准填写领料单,及时领取物料。

3.班组长负责确定物料消耗定额标准,审批领料单,监督物料领料工作。

第2章　班组物料领用管理

第4条　物料领料单的填写要求

1.领料单一般为一式四联,第一联与第二联为存根,库房管理员留存;第三联为统计或财务留存;第四联为领料部门留存,每联均应准确填写。

2.领料员认真填写领料单,填写时字迹应清晰。

3.领用数量应大写,并应严格按照物资领用定额填写,填写内容应全面,包括单据要求的所有内容。

4.填写后,应检查所领物料的名称、规格、数量、领用班组、日期等信息是否填写正确。

5.为明确物料领用的责任,领料单除了要有领料员的签名,还需要班组长、物料管理员、车间主任等人员的签名。

6.数量填写错误,可在备注中注明实发数量,由物料管理员填写;品名、规格有笔误时,可在错误内容上画一杠,然后在右侧空白处填写正确内容。

7.当需要修改的地方超过两处时,领料员应重新填写领料单。

第5条　班组物料领用程序

1.物料领料员根据班组长确定的物料消耗定额标准领取所需物料,领用物料时需要填写"班组领料单"。

2.班组长对"班组领料单"进行审核,审核无误后签字。

3.班组物料管理员对"班组领料单"进行审核,确认物料领用是否符合消耗定额和相关计划。

4.车间主任对"班组领料单"进行审核,确认无误后签字。

5.物料领料员凭签字后的"班组领料单",定额领取所需物料。

6.班组物料管理员核对领料单,并确认需领物料是否有库存。若有库存,在发料人处签字,并填写实际单价和物料编号等相关信息,然后发放物料;若无库存,及时通知班组长向物料管理部申请所缺物料。

7.当日领料单必须当日领料。

第6条　审核审批的要求

1.班组长应对"班组领料单"的领料数量、领料时间等内容进行审核,并签署领料意见。

2.班组物料管理员应对"班组领料单"的以下三项内容进行审核,审核后签署领料意见。

(1)字迹是否清晰,是否有涂改。

(2)领用数量是否大写。

(3)物料领用是否符合消耗定额和相关计划。

3.车间主任应对领料单的各项内容进行审核,并签署领料意见。

第7条　发放物料

班组物料管理员应按审批的"班组领料单"发放物料,并在发料人处签字。

1.如发现"班组领料单"有疑问,应将疑问及时通知领料部门。

2.应按先进先出原则发放物料。

3.应每天与财务部核对当日收发金额和"班组领料单"张数。

第8条　超限额领用控制

当生产班组申请超限额领料时,需说明原因,同时班组物料管理员应进行调查,并将调查结果依审批权限上报车间主任、生产经理,按其决定办理。

第9条　补退料控制

生产过程中,如发现物料不合格、物料超发、物料少发等情况,领料员需及时办理补退料,以保证物料能够满足生产的需要。

第3章　附则

第10条　编制单位

本制度经生产部经理批准后实施,修改、废止时亦同。

第11条　生效时间

本制度自××××年××月××起颁布执行。

修订记录	修订标记	修订处数	修订日期	修订执行人	审批签字

4.1.2　物料退料补货

在班组生产现场,往往会因为生产用料剩余、物料质量问题、生产计划变更等原因,导致物料发生需要退回的情况,这就要求班组长需要按照相关退料及补货的流程和制度对现场物料进行退料管理。

(1)物料退料流程

物料退料流程如图4-3所示。

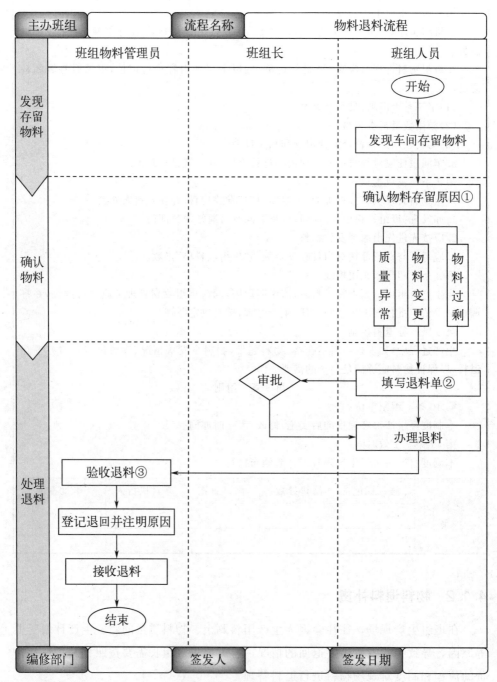

图 4-3　物料退料流程

物料退料流程关键节点说明如表 4-2 所示。

表 4-2　物料退料流程关键节点说明

关键节点	相关说明
①	发现存留物料之后,应及时分析物料存留的原因,明确存留物料的类型,主要包括余料退回、坏料退回、废料退回三类
②	明确物料存留原因后,及时填写退料单(如表 4-3 所示),经班组长审批后,办理退料
③	物料管理员对退料进行清点核对,确认数量,规格、外观质量无误后,将物料登记退回

表 4-3　退料单

编号：　　　　　　　　　　　　　　　日期：　　年　　月　　日

退料班组		部门编号	
物料编号		退料理由	
物料名称		□ 物料质量异常	
规格/型号		□ 物料过剩	
退料数量		□ 物料变更	
单价		□ 其他原因	
金额			
备注			

审批人：　　　　　　　复核人：　　　　　　　填单人：

(2) 班组物料退料补货管理制度

班组长应结合班组现场物料的使用情况和余料存留情况,制定物料退料补货管理制度,对物料退料及补货进行制度化的管理,规范班组余料退回的管理工作,减少物料浪费现象的发生。

以下是班组物料退料补货管理制度,供参考。

制度名称	班组物料退料补货管理制度		受控状态	
			编　　号	
执行部门		监督部门	编修部门	

第 1 章　总则

第 1 条　目的

为规范班组物料退料及补货流程,保证班组生产的正常进行,降低不必要的损失,同时减少物料的浪费与损耗,特制定本制度。

第 2 条　适用范围

本制度适用于班组生产现场剩余物料、物料变更、异常质量物料的退料及补货工作。

第 3 条　职责分工

退料工作中的班组各员工职责如下。

1. 班组物料管理员负责办理退料手续，退料的查验、存放、使用及处理，以及退料资料的汇总。

2. 物料领料员负责将余料、坏料、废料退回物料管理员处，提供相应单据。

3. 班组长负责审核退料单，监督物料退料工作。

第 2 章　班组物料退料作业管理

第 4 条　余料退回

物料使用班组将其领用的剩余物料退回班组物料管理员处，应填写"退料单"，经班组长审批后办理退料。

第 5 条　坏料退回

坏料是指损坏不能使用的物料及质量异常的物料，退回时，应将坏料及"退料单"交至班组物料管理员处，由班组物料管理员将坏料送至公司质量管理部进行质量检验，并填写"退库物料重检单"（如附表 1 所示），经车间主任审批后到仓储部办理退料。

第 6 条　废料退回

生产班组将收集的废料进行整理，并开立"废料报告单"（如附表 2 所示），经班组长审批后到班组物料管理员处办理退料。

第 7 条　退料流程

1. 领用的物料在使用时遇有物料质量异常、物料变更或节余时，生产班组应将经班组长签字后的"退料单"连同物料退回班组物料管理员处，物料管理员填制"退料入库单"（如附表 3 所示）。

2. 物料质量异常欲退料时，应先将退料品及"退料单"送至班组物料管理员处，由班组物料管理员送质量管理部检验，确认是坏料后，连同"退料单"退回仓储部。

3. 对于生产班组退回的物料，班组物料管理员需分析物料退回的原因，并根据原因制定处理对策，若由供应商造成，应立即与公司仓储部协调处理。

4. 处理意见交由班组长及车间主任审批后办理。

5. 班组物料管理员需每天及时登记物料的退回情况，并注明原因，填写仓库账簿。

第 3 章　班组物料退料处理

第 8 条　余料存放

班组物料管理处单设退料区，并把退料分类堆放，在余料卡上填写入库的日期及数量，按"先进先出"的原则送生产班组使用。

第 9 条　坏料与废料处理

坏料与废料经质检人员验证后按退料流程退回公司仓储部，仓储人员提出处理意见，并在得到批准后按处理意见进行处理。

第 10 条　退料资料汇总

班组物料管理员应将退料过程中的资料进行汇总，作为日后盘点与查处的依据。

第 4 章　班组物料补货

第 11 条　班组物料补货

生产过程中，如发现物料不合格、物料超发、物料少发等情况，领料员需及时办理补退料,以保证物料能够满足生产的需要。

<h2 style="text-align:center">第 5 章　附则</h2>

第 12 条　编制单位

本制度由物料管理部负责编制、解释与修订,经生产部经理批准后实施,修改、废止时亦同。

第 13 条　生效时间

本制度自××××年××月××起颁布执行。

修订记录	修订标记	修订处数	修订日期	修订执行人	审批签字

附表 1　退库物料重检单

退库物料重检单

编号：　　　　　　　　　　　　　　　　　　　　日期：　　年　月　日

退料班组		部门编号	
类别			
数量		单位	
检验项目		检验方法	
检验结果		处理意见	

质检员：　　　　　　　　　质检主管：　　　　　　　　　仓管员：

附表 2　废料报告单

废料报告单

编号：　　　　　　　　　　　　　　　　　　　　日期：　　年　月　日

物料名称		物料编号		数量	
处理方式	□废弃　□转作其他用途　□让售　□改造　□其他				
处置说明	1. 2. 3.				
损失分析	□账面价值　□处置收入或价值　□处置支出　□损失金额				

复核人：　　　　　　　　　审核人：　　　　　　　　　经办人：

附表3 退料入库单

退料入库单

退料班组：   编号：

原领料批号：   日期：   年   月   日

退料名称	料号	退料量	实收量	退料原因					
				溢领	省料	不适用	品质差	订单取消	其他
备注									

登账：   点收：   班组长：   退料人：

4.1.3 控制上线物料

为了加强上线物料的使用管理和控制，尽可能节约物料，提高生产效率，降低生产成本，班组长应对上线物料进行现场使用管理。

（1）上线物料计划的定义

上线物料计划，即生产期（一般以月计算）的物料需求量，根据生产作业任务和物料消耗定额（主要原料为工艺消耗定额）来计算。

（2）上线物料用量的计算方法

上线物料用量计算主要采用以下两种方法。

① 直接计算法：即根据生产计划和物料消耗定额直接确定物料需求量。计算公式如下。

a.某种物料需用量＝（计划产量＋技术上不可避免的废品数量）×单位产品该种物料消耗定额－计划回用的该种物料废品数量

b.某种辅助物料需用量＝（计划产量＋技术上不可避免的废品数量）×单位产品该种物料消耗定额

② 间接计算法：即按一定比例或系数估算物料需用量的方法，常用于辅助物料的计算。计算公式如下。

$$某种辅助物料需用量＝\frac{上期实际消耗量}{上期实际产量}×本期计算产量×$$

$$（1－可能降低消耗的百分比）$$

（3）上线物料控制制度

掌握了上线物料的计算方法之后，班组长就可以制定具体的上线物料控制制度，对上线物料的使用和管理进行规范。

以下是上线物料控制制度，供参考。

制度名称	上线物料控制制度		受控状态	
			编　　号	
执行部门		监督部门	编修部门	

第1章　总则

第1条　目的

为规范生产现场上线物料的使用管理工作,对上线物料进行合理控制,防止物料使用过程中发生错收、错投的现象,减少物料质量问题,节约物料,降低生产成本,特制定本制度。

第2条　适用范围

本制度适用于生产现场上线物料的使用管理及控制工作。

第3条　职责分工

1.车间主任按本制度相关规定组织车间人员开展工作。

2.班组长负责对上线物料的使用进行监督与检查。

3.班组操作人员严格按照本制度的相关规定执行。

第2章　上线物料分发管理

第4条　指定物料堆放位置

物料领用后,存放在生产现场指定位置,班组长做好检查、堆码等物控工作。

第5条　现场物料的发放方式

1.对于常规性、数量大的物料领用,采用使用者用多少领多少,如实登记的方式。

2.如采用指定工作量计件生产的方式,则采用一次性分配物料的方式,即给每位班组操作人员发放与其承担的工作量相适应的物料,由班组员工自行保管。

第6条　检查核对物料

生产班组内物料使用前,各班组操作人员均需核对品名、规格、批号、数量、检验合格证,确认符合要求后,方可按批备料。

第7条　记录物料分发和使用情况

各生产班组物料管理员负责物料分发和使用的记录,确保班组员工在生产过程中没有违反物料使用规定,无浪费现象,并对发现的问题及时汇报给班组长。

第3章　上线物料使用控制

第8条　保管物料

领用的贵重物料、小物料没有及时用于生产的,应加锁进行保管。

第9条　大宗物料的保管

领用的机器设备、钢材、木材等大宗物料,还未投产的,必须码放整齐,上垫下盖,并有专人负责。

第10条　规范物料的加工和使用

所有物料的加工和使用,应做到加工多少领用多少,尽量不剩余物料。如有剩余的物料应及时交回物料管理员处。

第11条　物料先进先出

物料使用应遵循"先进先出"的原则,按顺序使用,使用物料应轻拿轻放,不可野蛮作业。

第12条　断料控制

某物料断料时,如需使用代替品,应经质检员、技术人员按照规定流程确认后方可使用。

第13条　加强员工培训

加强对班组员工的培训,提高班组员工工作质量,降低废品率。

第14条　综合利用物料

开展物料的综合利用,将一用变为多用,最大限度地利用同一物料。

第15条　物料修旧利废

领取新物料时对旧物料进行回收,做好修旧利废工作,提高物料的使用率。

第4章　上线物料使用监督

第16条　监督物料使用

班组长要负责监督现场上线物料的使用情况,检查各班组员工在物料使用过程中是否存在违反物料使用规定的行为。

第17条　检查边角余料

班组长在现场巡查过程中,应该对边角余料进行严格检查,对数量过多、规格过大的边角余料应立即检查原因,并进行解决。

第18条　发现物料损失隐患

班组长应及时发现有可能造成物料损失的隐患,并及时上报车间主任。

第5章　上线物料使用培训

第19条　上线物料使用培训

上线物料使用培训是规范上线物料使用要领,提高物料使用效率的有效方式,班组长应会同人力资源部组织相关班组员工参加培训。

第20条　培训周期

上线物料使用培训可定期有计划地进行,也可以在生产过程中随时进行,每引入一种新物料,都要针对新物料的使用方法对班组操作人员进行培训。

第21条　上线物料使用培训的关键问题

1.要根据车间、班组的不同而选用不同的培训内容。

2.除了对上线物料的使用方法进行讲解,也要培养员工的节约意识。

3.引入新物料时,要对新物料展开相应的使用方法培训。

4.要制作"物料使用说明书"作为培训讲义,分发给参加培训的班组员工。

5.将培训成绩计入考核,提高员工的重视程度

第6章　退料及物料回收

第22条　及时处理剩余物料

班组加工剩余的物料应及时清理退库或办理退料手续,严禁形成账外料。

第23条　考核并奖励废料回收

班组物料管理员应组织回收废料,落实生产线修旧利废计划,定期公布班组废料回收的成果,可视情况计入考核予以奖励。

第 24 条　编制单位

本制度由物料管理部负责编制、解释与修订，经生产部经理批准后实施，修改、废止时亦同。

第 25 条　生效时间

本制度自××××年××月××起颁布执行。

修订记录	修订标记	修订处数	修订日期	修订执行人	审批签字

4.2

现场物料使用管理

为了开展物料的综合利用，达到节约物料、提高劳动生产率、降低生产成本的目的，班组长应加强对现场物料的使用管理和控制。班组现场的物料使用管理工作包括了解现场物料摆放、了解现场物料标识、掌握处理现场不良物料和余料的方法等工作。

4.2.1　现场物料摆放

班组物料管理员应对班组物料进行定置管理，在生产现场规划出物料摆放的区域，并且根据物料类型和特点划分子区域，每个区域之间要有明显的分界线及通道。现场物料摆放区域划分如图 4-4 所示。

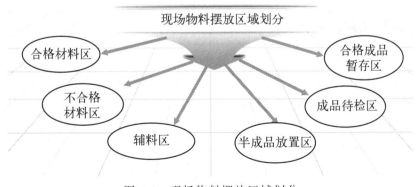

图 4-4　现场物料摆放区域划分

① 合格材料区。用来放置即将投入生产的合格物料。

② 不合格材料区。用来放置作业中发生或发现的不良品。

③ 辅料区。用来放置周转、加工等辅助工序用的物料。

④ 半成品放置区。用来放置或转移半成品、零部件等。

⑤ 成品待检区。用来放置未检验的产品。

⑥ 合格成品暂存区。用来放置检验合格的、等待入库的产品。

需要说明的是，在半成品区域内，同一产品放置在同一区域，工序相同的产品集中放在该区域的同一区域内，并设置清楚的工序记录卡，每板贴一张记录卡；在成品区域，同一客户的产品放在一个小区并按品种分开摆放，进入成品区以前，要检查每板贴的工序记录卡是否记录完整，并按板的序号依次摆放，做到摆放整齐、标识清楚明显、记录完整。

划分好物料摆放区域后，班组长组织班组员工根据"三定"原则摆放物料，具体内容如下。

定品，根据物料的属性确定放置环境和场所，如考虑温度、湿度、防尘、防水、防震、防污染、防静电等要求。

定位，确定物料的放置状态和具体位置，确保放置合理，转移环节少，取用方便。

定量，确定存放物料的数量，配发的物料以满足一定时间的生产用量为宜。

4.2.2 现场物料标识

班组长在班组生产现场的管理中心，应根据物料特点，结合公司标识管理规定，选择合适的标识类型。常见的物料标识物主要包括标识牌、标签及色标分类，具体内容如图4-5所示。

班组常见的物料标识牌、物料标签如图4-6和图4-7所示。

4.2.3 现场物料来料先用

班组长以提升生产效率和改善现场秩序为出发点，在确保已有物料不会因来料先用而发生变质损毁的前提下，以来料先用为原则，处理当日从仓储区转运而来的物料，有利于降低班组内部的转运成本，从而变相地提升了班组的生产效率。

这就要求班组长具备统筹全局、协调各方的能力，尤其是要避免信息的不对称，做好与仓储区的沟通工作，提前几天知道目标来料的名称、数量、体积等要素，提前制订好生产计划，确保来料无缝衔接地投入到当日生产工作中。

```
                        物料标识分类

      标识牌              标签                色标

1. 标识牌是由木板或金   1. 标签又称"箱头纸"，  1. 色标的形状为一张正方形
   属片做成的小方牌，      是一张标签纸          （2cm×2cm）的有色粘贴纸
   应按物料属性将相应   2. 使用标签时应将物料的 2. 色标可直接贴在货物表面规
   的标识牌悬挂在物料      品名、规格、材质、来    定的位置，也可以贴在物料
   的包装上              源、工单号等内容完整    的外包装或标签纸上
2. 根据公司标识需要，      填写               3. 色标的颜色一般分为绿色、
   分为"原料"牌、     3. 标签应贴在货物外包装    红色、橙色、黄色、蓝色五
   "半成品"牌、"成       箱的醒目处            种，通常分别代表以下内容：
   品"牌、"废品"牌、  4. 标签主要适用于装箱物    绿色：受检物料合格
   "维修品"牌等         料和堆码管制的物料      红色：受检物料不合格且做
3. 标识牌主要适用于大                          退货处理
   型物料或成批物料                            橙色：受检物料不合格且做
                                            特采处理
                                            黄色：受检物料不合格但做
                                            加工或挑选使用
                                            蓝色：受检物料无法确定是
                                            否合格，表示"待处理"
```

图 4-5　物料标识分类

(半)成品材料标识牌

简　图			
品　名		产地	
规格型号		检验状态	
使用部位		报告编号	

图 4-6　物料标识牌

图 4-7　物料标签

（1）来料先用常见问题

不能因转运临时的物料而影响班组原定的生产进度，因此班组长应明确物料来料先用工作中易出现的问题，组织班组员工做好现场物料管理工作，同时，在制订来料先用计划时注意解决或规避这些问题。

来料先用常见问题如图 4-8 所示。

仓储区派发的跟车人员过少，导致运输途中物料受损，影响质量

 现场管理混乱，侵占预先设置的场地，导致没有足够的临时性场地放置物料

 跟车人员不熟悉班组环境，导致放错物料，与班组员工发生矛盾

图 4-8　来料先用常见问题

（2）来料先用计划

班组长可向车间主任汇报来料先用的常见问题，请求车间主任与仓储部门协调，增派熟悉班组车间生产的跟车人员，以解决来料先用的常见问题，然后编制来料先用计划表，加入到当日总体的生产计划表中。

来料先用计划表如表 4-4 所示。

表 4-4　来料先用计划表

物料名称	数量	体积	送达时间	所属生产线	所需转运设备
A					
B					
C					

4.2.4　处理现场过剩余料

余料是指生产完成后剩余一定数量的且可以继续使用的物料。班组长对现场的余料进行处理，合理利用，可以提高物料的利用率，降低生产成本，促进经济效益最大化。

（1）确认余料

班组日常生产产生的余料，班组长应在物料检查的过程中，组织班组员工确认、统计，并编制余料明细表，如表 4-5 所示。

表 4-5　余料明细表

余料名称	规格型号	数量	余料情况描述

填制人：　　　　　　　　　　　班组长：　　　　　　　　　　　填制日期：

（2）余料处理

① 生产现场应划定专门的区域，用于存放现场产生的余料。

② 班组长应在每日工作结束后，安排班组员工将当日产生的余料清点，第二天不再使用的余料送至余料存放区，按余料类型码放整齐。

③ 因生产完工或生产计划变更而余留的物料，三天之内不再使用的，按照物料退库流程进行退回处理。

④ 上批生产剩余的物料或暂时不用的物料，依原包装方式退回物料管理员处存放。

⑤ 生产现场启封的整箱物料，在每次启封使用后，班组员工都应对剩余物料进行清点后再密封，在外包装上标注启封日期、剩余数量等信息，并由清点人员签名确认。

⑥ 密封后再次启封的剩余物料，如发现物料外观发生变化，应交由质检人员进行复检，复检合格后方可再次使用。

4.2.5 处理现场不良物料

为削弱不良物料可能带来的影响，避免公司损失，班组长应合理处理生产现场不良物料，对不良物料做到及时发现、及时上报。

针对不良物料，班组长应采用分级处理的方法，具体方法如表 4-6 所示。

表 4-6　不良物料分级处理表

缺点等级	严重程度	判定标准	处理方法
A	致命缺点	1. 有可能导致人身不安全状况的缺点 2. 使产品机能完全丧失无法使用的缺点	销毁处理、退厂处理
B	重缺点	1. 由于性能不合格会降低产品的实用性，导致难以完成初期目标的缺点 2. 在使用时需改造和交换部件等导致多余操作的缺点 3. 在使用初期尽管没有产生大的障碍,但能导致缩短产品寿命的缺点	退厂处理、维修处理
C	轻缺点	几乎不会对产品的实用性或有效使用、操作等带来影响的轻微缺点	特采处理

为确保不良物料在生产过程中不被误用，班组长应对不良物料进行正确色标标识。

4.2.6 特采物料管理

为保证产品质量，规范对不合格物料的特采使用事宜，使产品满足客户要求，班组长应按照公司相应制度，对物料不合格原因、采购合同、技术工艺进行分析，提出结论，并对不合格物资提出特采处理的申请。

（1）特采的概念

特采是指物料虽然不符合公司相关要求，但因生产急需且物料品质在可接受范围内，为了使生产不陷于停顿或避免公司遭受更大的经济损失，决定让步接受物料的行为。通常有以下几种情况。

① 送检批物料不合格，但只影响生产速度，不会造成产品最终质量不合格，在此情况下，经特批，予以接收。此类来料，由班组长、质量管理部按照实际生产情况，估算出耗费工时数，申请对供应商做扣款处理。

② 送检批不合格物料数超过规定的允收水准，经特批后，进行全数检验。选出其中不合格物料，退回供应商，合格品办理入库或投入生产手续。

③ 返工。需要进行返工处理通常有以下三种情况。

a.送检的批次几乎全部不合格，但经过加工处理后，来料即可接受。在此情况下，由班组长抽调班组员工进行来料再处理。

b.进料质量检验专员对加工后的物料进行重检和合格品接收工作，如有不合格物料，要及时通知相关部门办理退货。

c.此类来料由进料质量检验专员统计加工所用工时，并申请对供应商做扣款处理。

班组长在对不合格物料进行特采处理时，需填写特采申请单，如表 4-7 所示。

表 4-7　特采申请单

编号：　　　　　　　　　　　　　　　　　　　　　　　　日期：　　年　　月　　日

采购订单编号		供应商		供应日期	
物料品名		规格型号		数量	
异常情况描述				填写人： 日期：___年__月__日	
申请特采理由				填写人： 日期：___年__月__日	

质量检验 主管意见		签字： 日期：＿＿年＿月＿日
采购部经理 意见		签字： 日期：＿＿年＿月＿日
主管副总 经理意见		签字： 日期：＿＿年＿月＿日
备注		

（2）特采物料管理制度

制定特采物料管理制度，有利于规范对不合格物料的特采管理，满足生产需要，保证公司产品质量。

以下是特采物料管理制度，供参考。

制度名称	特采物料管理制度		受控状态	
			编　　号	
执行班组		监督部门	编修部门	

第1章　总则

第1条　目的

为保证本公司产品质量,满足公司生产需要,规范对不合格物料的特采使用管理,使产品满足客户要求,特制定本制度。

第2条　适用范围

本制度适用于生产班组因生产需要,对不合格物料提出特采让步接受申请、作出特采决策等一系列工作。

第3条　职责分工

特采处理工作中各职能部门的权责划分如下。

1.班组长:对物料不合格原因、采购合同、技术工艺进行分析,提出特采申请,填写特采申请表。

2.质量部负责检验需特采的物资,并出具检验报告。

3.采购部负责审核各部门提交的"特采申请",及时与供应商沟通,组织、实施特采等工作。

第2章　特采适用条件

第4条　进料不良

进料突发不良,又无良品材料可替代时,可进行特采。

第5条　未标明物料品质

标准作业书和标准检验书里,未有该物料品质的要求,实际作业也未加实施,事后通过某一偶然的因素才发现,但木已成舟,挽回成本巨大,此时可进行特采。

第6条　物料昂贵且品质相近

物料价格昂贵，如果报废的话，损失较大，且该物料偏离品质不远，预计对客户不会造成影响或者影响极为有限。

第3章　特采处理程序

第7条　采购检验

质检人员根据采购合同以及"采购物料检验规范标准"进行抽检、判定，得出检验结果，并编写"到货检验报告单"，报质检主管。

第8条　不良品确认

特采物料经质检主管确认为不合格品后，将"到货检验报告单"交采购部经办人员和请购部门。

第9条　提出特采申请

请购部门根据生产订单任务以及生产经营需求决定是否需要提出"特采申请"，确认需要并符合特采申请适用条件、满足特采申请要求后，详细填写"特采申请表"。

第10条　特采审批会议

由采购部召集质量部、生产技术部、车间班组长进行会审，对物料不合格原因、采购合同进行分析，提出结论，并签署处理意见。会审意见呈交采购部经理、主管副总经理进行审核并签署意见。如特采未获批准，则由采购部安排退货；如获批，则由采购部及质量部执行特采作业。

第11条　执行特采作业

经会审后，确认实施特采处理后，由采购部及质量部负责执行。

第4章　特采处理方法

第12条　偏差接受

1.特采物资仅影响生产速度，不会造成产品最终品质不合格。

2.生产部估算超耗工时，经采购部审批后，由采购部与供应商交涉，达成协议后实施。

第13条　全检

1.批量检验为不合格的物资，在其中每个物资质量状况不相关的情况下，经总经理批准特采后，质量部对其进行全数检验，对全检合格产品办理入库，投入使用。

2.全检耗费工时由采购部按程序确认后，送交财务部进行扣款处理。

第14条　返工

1.整批不合格的物料，在公司有能力将其加工为合格品的情况下，班组长应事先向财务部申报费用，采购部就相关费用同供应商达成一致意见后投入生产。

2.加工费用由生产班组长通知财务部进行扣款处理。

第5章　其他事项

第15条　物料使用部门，根据各生产班组实际情况决定是否需要特采

1.如不需特采，则由采购部安排退货。

2.如需特采，且符合特采条件时，应立即填写"特采申请单"，经班组长签字后，提交采购部。

第16条　采购部文员负责整理特采执行过程中的文档、资料，及时进行归档

第6章　附则

第17条　编制单位

本制度由生产管理部负责编制、解释与修订，经采购部经理批准后实施，修改、废止时亦同。

第18条　生效时间

本制度自××××年××月××起颁布执行。

修订记录	修订标记	修订处数	修订日期	修订执行人	审批签字

4.3

现场辅料领用与使用

辅料，指在生产过程中起辅助作用，但不构成产品主要实体的消耗性材料，包括焊接类、油漆类、油脂类、溶剂类、胶水类、防护类等材料。辅料是物料的重要组成部分，缺失了辅料，班组的生产作业就不能正常开展。在日常的生产作业中，人们对辅料的重视程度往往不够，这固然也有辅料本身的原因，但是更多的原因是缺乏更加精细化的制度来对辅料进行统一管理。班组长加强生产现场辅料的管理工作，可在确保产品生产质量的前提下，降低辅料的使用成本。

4.3.1　辅料领用管理

班组长应根据企业和车间总体的辅料管理制度，结合班组生产作业的实际情况和常见的辅料相关问题，制定班组辅料领用管理制度，通过制度的形式对班组员工的辅料领用行为进行约束、规范和指导，避免因辅料领用不及时而导致的计划之外的提供损失。

（1）辅料领用常见问题

辅料不同于构成产品主要实体的原材料，辅料在消耗上具有不易察觉性，在使用上具有不易控制性，在领用上具有不定时性，种种因素导致了班组员工在辅料的领用工作中问题多发，因此，为了做好辅料领用工作，首先要认识这些问题。

辅料领用常见问题如图4-9所示。

| 问题1 | 仓储部未及时补充辅料，导致班组领用辅料时无料可领 |

| 问题2 | 辅料领用手续过度烦琐，导致班组辅料补充不及时 |

| 问题3 | 辅料浪费现象严重，导致超出领用定额，仓储部不予受理 |

| 问题4 | 缺乏足够辅料用尽的证明，导致与仓储部工作人员产生矛盾 |

| 问题5 | 现场管理混乱，部分员工监守自盗，导致辅料遗失、领用频繁，造成成本上升 |

图 4-9　辅料领用常见问题

（2）辅料领用管理制度

上述问题的根源之一是原先的企业级物料领用制度过于宽泛、死板，不够具体且缺乏可操作性，辅料领用制度没有从中独立出来，导致班组在制定辅料领用制度时，缺乏细致的制度作参考，只能暂用企业总体的物料领用制度。

班组是辅料的直接使用单位，是辅料领用问题多发的单位，班组长应根据具体生产实际，制定内部的物料领用管理制度，用于解决辅料领用中的常见问题，约束和限制班组员工的违规行为，还可供车间主任参考，最终制定出科学、灵活的辅料领用管理制度。

以下是辅料领用管理制度，供参考。

制度名称	辅料领用管理制度		受控状态	
			编　　号	
执行班组		监督部门	编修班组	

第 1 章　总则

第 1 条　目的

为做好班组辅料领用的管理工作,约束班组员工的行为,指导辅料领用管理的具体工作,确定辅料领用管理责任,解决辅料领用的常见问题,保护企业和班组员工的利益,特制定本制度。

第 2 条　适用范围

本制度适用于指导和约束班组辅料领用管理的相关工作。

第 3 条　制定原则

严格按照企业最高层次的物料领用制度进行制定,不得违背其精神和歪曲其意思,应多方调研、科学论证、层层审核。

第 2 章　班组长的辅料领用管理

第 4 条　任命领料员

1.班组长初步确认领料员,领料员的工作年限应不低于三年,需轮岗过班组的所有岗位,具备熟练的操作技能、正直的人品,熟知班组所需的所有辅料。

2.班组长将初步确认的领料员报车间主任审批,审批不通过则需重新选取,并听取车间主任意见。

3.班组长也可兼任领料员,领料工作受车间主任和班组员工监督。

第 5 条　编制辅料领用单

班组长根据平时领料过程中易出现的问题,听取班组员工的意见,重新设计符合班组实际生产作业的领料单,报车间主任审批。

第 6 条　审核领料

班组长对领料员填制的辅料领用单进行审核,重点审核辅料用途说明、规格、数量以及领料说明等要素,以及领料单是否规范填写。

第 7 条　协调关系

1.若仓储部缺少辅料,或是领料员和仓储部工作人员产生矛盾,班组长应以保障生产计划为首要目标,寻求车间主任的帮助与指导,协调辅料的补料工作,寻求其他班组的帮助。

2.待解决缺料的问题后,再处理领料员和仓储部工作人员的矛盾,明确责任主体,解决问题。

第 3 章　领料员的辅料领用责任

第 8 条　推算消耗

领料员应根据自己以往的生产经验、辅料实际的消耗程度、物料定额员制定的辅料消耗额度,推算辅料耗尽的时间和预算日均消耗量,为班组长制订生产计划表提供参考。

第 9 条　提前领用

领料员应在辅料快用完前至少一天领用辅料,确保不因辅料的供给中断导致停工损失。

第 10 条　填写领料单

领料员按照生产计划表上的数据,规范填写领料单,报班组长审批。

第 11 条　实施领用工作

1.领料员按领料单核对仓管员所备辅料信息,编码和规格,清点数量。

2.针对所缺的辅料,领料员应持续跟踪辅料的到料状况,做好与仓管员的沟通工作,同时向班组长汇报缺料情况,请求班组长协调,以免耽误正常生产作业计划。

3.领料员应检查辅料的质量是否达标,有权退还质量不达标的辅料。

4.最后确认所有事项和数据的信息无误后,在复核栏上签字。

第 4 章　领料单的管理

第 12 条　辅料领用单

领料员应具备辅料领用单编制的能力,在物料领用单的基础上编制更加合理且详细的辅料领用单。

第 13 条　辅料领用单的管理

保管好辅料领用单,以辅料领用单为依据,做好辅料领用后续的发放、使用、监督等工作。

第 5 章　辅料领用监督控制

第 14 条　监督

1.班组长负责领料员辅料领用工作全流程的监督工作,定期抽查。

2.若班组长兼任领料员,则由车间主任对班组长进行监督。

3.全体班组员工有权对领料员的工作进行监督。

第 15 条　控制

班组长和领料员应做好辅料使用的管理工作,打击浪费辅料、随意摆放辅料、偷窃辅料的行为,将辅料使用量控制在定额范围之内。

第 6 章　附则

第 16 条　编制单位

本制度由×××班组的班组长制定,报车间主任核准审批。本制度的解释权及修改权归×××车间。

第 17 条　编制依据

本制度参照《物料领用管理制度》《物料领用规范》《物料控制办法》等文件制定。

第 18 条　生效时间

本制度自××××年××月××日起生效。

编制日期		审核日期		批准日期	
修改标记		修改处数		修改日期	

4.3.2　辅料使用管理

辅料一般可分为生产用辅料和非生产用辅料,生产用辅料主要是指如油墨、工业酒精、固化剂等类型的化学物品以及其他和产品生产直接相关的辅助性材料;非生产用辅料包括办公用品、劳保用品、工具配件、表单等辅料。

班组长做好辅料使用管理工作,可以在确保产品生产质量的前提下,降低辅料的使用成本,从而避免一些在生产现场使用辅料时可能发生的问题。辅料管理存在的问题有以下几种,如图 4-10 所示。

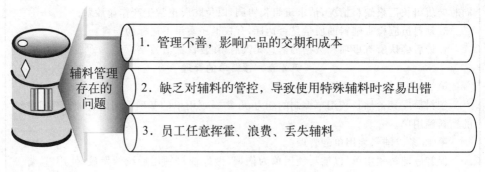

图 4-10　辅料管理存在的问题

为了避免及解决这些问题，生产车间应制定相应的辅料使用管理制度，由各班组长遵照执行，对生产现场辅料实施有力的管控，减少辅料消耗，降低生产成本。

以下是辅料使用管理制度，供参考。

制度名称	辅料使用管理制度		受控状态	
			编　　号	
执行班组		监督部门	编修部门	

第1章　总则

第1条　目的

为规范生产现场辅料的使用管理，使车间辅料的使用得到有效控制，满足各生产班组的生产需求，优化生产成本，特制定本制度。

第2条　适用范围

本制度适用于生产现场的辅料使用管理工作。

第3条　职责分工

1.班组长：严格按照辅料管理制度展开工作，对班组生产所需辅料的使用进行有效的监督和控制。

2.辅料管理员：负责辅料的领用、保管、派发和统计工作。

3.班组人员：遵守本制度之规定，取用所需辅料

第2章　辅料使用控制

第4条　采用辅料专人管理的方式

1.指派一名员工做辅料管理员，专门负责辅料的领用、保管、发放等工作。

2.辅料管理员应根据工厂相关规定，派发辅料至各班组，将当日所需的辅料预先放在运输工具上，定时、定点为有需求的班组或相关员工派发。

3.由辅料管理员统一派发至班组有以下几个方面的优势。

① 避免各个生产车间或生产班组产生辅料库存。

② 节省一线生产人员的工作时间，避免其离岗领取辅料耽误工时。

③ 节省辅料在生产现场的摆放空间。

④ 增加辅料管理员对辅料用途、使用方法的了解，同时监督、检查辅料利用的情况，避免造成辅料浪费。

第5条　实施辅料定额使用制度

1.辅料管理员按周或按月收集生产现场每件产品对每种辅料的实际消耗数量，进行整理和统计，然后将结果上报给车间主任。

2.班组现场根据生产计划，事先确定相应辅料的需求数量，报辅料管理员进行领用计划登记。

3.车间辅料管理员根据辅料的需求量、库存数量及其他实际情况到仓储部进行车间所需辅料的领取。

4.为了避免辅料短缺,影响生产作业,辅料管理员应设置最小库存量,当辅料余量低于最小库存量时,应及时申领补齐。

5.生产现场各班组员工按班组长制定的定额标准使用辅料,辅料管理员和班组长共同予以监督和指导。

第6条　辅料的存放与保管

1.辅料的保管要确保账、卡、物一致,一目了然地看出需取用的辅料存放位置。

2.根据辅料的种类进行分类,然后按辅料种类分别定位放置到不同位置。

3.根据辅料特点,选择不同的容器存放,如盒子、箱子、袋子等,再在容器上贴上不同的色标进行分类管理。

4.对于超过一个月未使用到的辅料,辅料管理员应寻找原因,及时进行退料处理,避免生产现场产生呆废料。

第7条　设置辅料台账

1.辅料管理员应为每种辅料设置台账,以便对其进行管理,每次辅料的入库和派发都要进行详细登记,随时掌握辅料的进出情况,方便进行辅料的统计分析工作。

2.辅料管理员设置台账时,应按新领和更换两种分别罗列,新领辅料应经由班组长批准,更换则需退回剩余残留。如为外包装盒、罐、袋等包装物,则无须经班组长批准,可直接进行更换。更换的具体操作方法如下。

① 胶水类用完后退回原罐,更换新罐,或辅料管理员用小容器分装后按实际用量发放,每次发够一天所需量。

② 油脂类用完后退回原罐,更换新罐,或由辅料管理员巡查时发现不足随时添加足量。

③ 烙铁头,将坏的退回换新。

④ 手套,每次发两副,以旧换新。

⑤ 电池,质检人员每人两对,其他员工每人一对,用完后在底部做标记。

第3章　辅料报废管理

第8条　报废原因

严格辅料的报废管理工作,若辅料因改产、环境改变、生产停滞、余量过多等因素导致变质过期,则需要报废处理。

第9条　报废审批

应由辅料管理员将报废的辅料统一归集,防止与合格材料混用,规范填写报废单,经班组长审核,报车间主任审批,审批通过后按报废流程进行处理。

第10条　报废流程

严格按照辅料的报废流程进行报废,报废过程中应规范穿戴防护用具,班组长负责监督报废工作。

第11条　责任划分

班组长调查辅料报废的原因,若有因保管和使用不当而引起变质的人为因素,则需落实责任人,实施相应惩罚。

第12条　总结报告

召开班组会议,向班组员工讲明辅料报废的原因,总结经验和教训,形成总结报告,报车间主任审批。

第4章 辅料使用奖惩管理

第13条 奖励管理

1.班组员工提出有利于节约辅料的意见,经车间主任推广至全车间后,每人现金奖励____元,并授予荣誉称号。

2.班组员工举报浪费辅料的行为,每次现金奖励____元,可匿名举报。

第14条 惩罚管理

因辅料的保管和使用不到位,给企业造成严重经济损失的,处以有关责任人员现金罚款____元,并根据实际情况处以其他相关处罚。

第5章 附则

第15条 编制单位

本制度由×××生产车间进行编制、解释与修订,经采购部经理批准后实施,修改、废止时亦同。

第16条 编制依据

本制度依据《物料管理制度》《车间辅料管理办法》等文件制定。

第17条 生效时间

本制度自××××年××月××起颁布执行。

	修订标记	修订处数	修订日期	修订执行人	审批签字
修订记录					

4.4

物料搬运作业

为了规范物料搬运工作,保证物料及时送达生产现场,班组长应做好生产现场的物料搬运管理工作,在搬运过程中,如果操作不当,可能使物料受到损坏,甚至威胁到搬运人员的人身安全,引发安全事故。

4.4.1 物料搬运管理要点

在物料的搬运工作中,班组长应根据不同物料的特点,让班组员工选择适合的方式对物料进行搬运。常见的班组生产物料类型主要有危险物料,贵重易损物料,超长、超重、超大物料,搬运要点如表4-8所示。

表 4-8 班组物料搬运要点

物料类型	搬运物料	搬运要点
危险物料	爆炸品	1. 爆炸品搬运前,搬运人员应检查包装是否完整、坚固,使用的搬运工具要符合安全要求 2. 爆炸品装卸时,搬运人员应全面检查运输车辆、车厢的卫生、温湿度情况,必须保证装卸车的清洁与干燥 3. 装卸物料时散落的粉粒状爆炸物,要及时喷水湿润,再用易吸水物品将其吸收干净并妥善处理,如锯末、棉絮等 4. 交接物料时,搬运人员要手对手、肩靠肩,确保交接牢靠,不失误 5. 搬运人员禁止携带烟火器具,不准穿戴化纤衣物及有铁钉的鞋
	氧化剂	1. 搬运前先认真检查包装,是否有破损导致渗漏。提前将车门打开,彻底通风,并将车内清扫干净 2. 氧化剂不能和易燃物质配装运输,尤其是酸、碱、硫黄、粉尘类及油脂类货物 3. 装卸时禁止摩擦、拖拉、碰摔,防止包装及容器损坏
	压缩气体和液化气体	1. 搬运人员必须穿戴好防护用品,搬运器具、手套、防护服等不得沾有油污等其他危险品,以防引起爆炸 2. 搬运气瓶时应使用气瓶专用的手推车,禁止将气瓶抛掷、碰撞,横倒在地上滚动运输 3. 装卸时应在气瓶落地点铺上软垫或橡胶垫,逐个装卸 4. 气瓶应直立放置,并用支架固定
	自燃品或易燃品	1. 搬运自燃品或易燃品时,需进行通风处理,避免可燃气体的聚集 2. 雨雪天气,搬运遇水易燃的物品要做好防雨防水,如果设备不齐,则禁止搬运 3. 搬运自燃物品时应轻装轻卸,防止包装容器的损坏
	剧毒品	1. 搬运前,搬运人员应做好通风处理 2. 搬运时应穿戴好防护用具,搬运后及时清洁沐浴,并对搬运过程中使用过的防护用具、搬运工具等进行清洁消毒 3. 搬运剧毒物品时,搬运人员工作时间不宜过长,应间隔休息,如中途发现头晕、恶心等不适现象,要立即停止搬运,及时处理身体不适
	腐蚀性物料	1. 搬运前应准备应急救护物品和药水,如清水、苏打水、稀硼酸水等,以便搬运人员、车辆、搬运工具受到腐蚀时可以及时得到冲洗及处理 2. 散落在车内或地面的腐蚀品用沙土覆盖或海绵吸收后,及时用清水冲洗干净

物料类型	搬运物料	搬运要点
危险物料	放射性物料	1.搬运前,需由相关专业技术人员进行检查和鉴定,确定运输办法 2.搬运人员需严格按照相关规定做好防护工作 3.搬运完成后立即将使用后的防护用品交回专门的保管场所,不得随意存放
	贵重易损物料	1.搬运贵重易损物料时,要轻拿轻放,小心谨慎,严禁摔碰、撞击、拖拉、翻滚、挤压、抛扔物料 2.搬运人员搬运时要严格按照包装标识进行装卸与码垛 3.对金、银、有色金属等价值巨大的物料,可根据实际情况指定搬运方式进行搬运
	超长、超重、超大物料	1.这类物料搬运前要选择安全性能有保障的搬运设施以及安全性高、强度高、耐磨的索具,并在搬运前检查确认好搬运器械状态是否良好 2.搬运作业需要按照计划步骤进行,不得私自改变搬运计划

4.4.2 物料搬运作业

物料搬运作业主要包括了物料搬运方法的确定、物料搬运设备的选择和物料搬运作业的实施。班组长做好物料搬运作业的管理,可以避免搬运过程中安全事故的发生,提高搬运效率,确保生产现场所需物料得到妥善搬运,保证物料不受损害。

以下是物料搬运作业管理制度,供参考。

制度名称	物料搬运作业管理制度		受控状态	
			编　号	
执行班组		监督部门	编修部门	

<table>
<tr><td colspan="5" align="center">第1章　总则</td></tr>
</table>

第1条　目的

为保证生产现场的物料能得到正确、妥善地搬运,保证物料完好、安全,提高物料搬运作业效率,特制定本制度。

第2条　适用范围

本制度适用于生产现场的物料搬运作业。

第3条　管理职责

1.各班组长负责各自生产班组的物料搬运及相关管理工作。

2.班组物料管理员负责现场物料的入库登记管理及领用发放等工作。

第2章　物料搬运作业的原则

第4条　合理设计物料搬运

搬运设计要合理,尽量不做非必要的搬运。

第 5 条　方便移动

待搬运物料必须处于便于移动的状态,有利于提高搬运效率。

第 6 条　降耗

合理利用重力,减轻人力、物力的消耗。

第 7 条　引入新搬运方式

条件允许的情况下,可以使用机械化搬运方式及尝试引入智能化搬运方式。

第 8 条　保持路径和通道通畅

搬运路径和通道要保持通畅,无杂物堵塞,不影响搬运工作效率。

第 3 章　物料搬运作业的要求

第 9 条　保护物料

在搬运作业中,对易磕碰的关键部位采取适当的保护措施,如保护套、防撞海绵、泡沫等。

第 10 条　选择合适的容器或运输工具

选用与物料形态相适应的容器或运输工具,如托盘、货架、箱子、推车、叉车等。

第 11 条　搬运特殊物料

在搬运特殊物料时要防止震动,并注意其对温度、湿度等环境条件的要求。

第 12 条　确保路面整洁

确保物料搬运的沿途,路面整洁无污染物,若不可避免,则应对物料加以保护。

第 13 条　规范搬运危险物料

在搬运危险物料时,应按照危险物料搬运要点严格执行。

第 4 章　物料搬运作业安排

第 14 条　选择搬运设备

1.搬运人员应根据物料的情况、搬运距离选择合适的搬运设备,生产现场常见物流搬运工具主要有叉车、平台车、手推车、输送机等,条件允许的话可引入现代化智能搬运设备,以提高搬运效率。具体如下。

(1)搬运距离短、体积小、重量小的物料,选用简单的搬运设备,如手推车、平台车等。

(2)搬运距离短、重量大的物料,选用较省力的搬运设备,如手动液压车等。

(3)搬运距离相对长、重量小的物料,可选用简单的运输设备,如叉车、货车等。

(4)搬运距离相对长、重量大的物料,需要选择复杂的运输设备,如起重机、运输机等。

2.搬运工具的使用要求。

(1)搬运人员应按照物料大小和重量,选择适合的卡板对物料进行叠放,并严格按照搬运工具的载重量限额操作。

(2)各种需要用叉车搬运的物料,在搬运前必须将物料合理叠放在卡板上,外包装上有特别标识的,必须按照标识要求叠放。

(3)使用叉车运输作业时,应采用中速前进,当拐弯或与路面有变化以及进出电梯时,应预先减速,以免发生碰撞事件,造成损失。

(4)对于每辆车最后一排所装的物料,物料的重心应摆向车头方向,并在车厢加防护栏杆或防护带,以防车辆在开、关门时,物料倾斜摔落。

(5)使用叉车搬运的人员,禁止站在叉车上滑行;使用铲车作业人员,必须持有效的上岗合格证方可操作铲车。

3.搬运人员在选择搬运设备时应注意以下关键点。

（1）物料的特点与搬运设备是否匹配。

（2）搬运设备的性能是否能承受搬运工作。

（3）搬运设备的性价比是否最优。

（4）搬运设备的作业路线是否畅通。

第15条 物料搬运作业流程

1. 在生产车间需要搬运物料时，班组长应立即安排相关人员做好物料搬运的准备工作。

2. 物料管理员根据生产物料的特点和摆放布局，合理选择适当的搬运路线和搬运设备，做好搬运准备。

3. 班组长组织安排搬运人员，根据搬运工作要求，将所需生产物料安全并高效地搬运至规定地点，物料管理员对搬运过程进行监督。

4. 物料搬运完毕后，按要求码放到指定位置，班组长进行工作验收，并做好相关工作记录。

第5章 物料搬运作业注意事项

第16条 物料搬运前的注意事项

1. 搬运物料前，应检查外包装是否有凸起的尖锐物，如钉、刺等，各部件是否松动不牢固，避免对搬运人员造成身体伤害。

2. 搬运物料前，应仔细识别物料包装的搬运标识，准确操作。

3. 危险物料搬运前，安全管理部门应根据危险物料的性质和作业环境制定相应的作业措施，并对运装工具进行清洁。

第17条 物料搬运时的注意事项

1. 物料搬运过程中，要握紧物料，脚步站稳，避免物料滑落导致损伤，注意轻拿轻放，平稳地放置到地面，严禁野蛮操作。

2. 物料搬运过程中，要确保搬运路线畅通无阻，同时注意避开电线、水管及地面不平的地方。

3. 物料搬运过程中，要注意危险物料及特殊物料的安全情况，以免发生安全事故。

4. 搬运危险物料时，应按照作业要求佩戴防护用具，禁止违章作业。

5. 严禁超高、超速、超量搬运物料。

第18条 搬运完成后的注意事项

1. 物料搬运至目的地后，要小心轻放，不能猛撞或摔落，造成物料的损坏，对于标注了放置方法的物料，要按照标注的方法放置，同时将标签朝外，以便识别和取用。

2. 物料搬运完成后，班组长要做好相关物料的分配工作。

第6章 附则

第19条 编制单位

本制度经×××班组负责编制、解释与修订，由所属生产车间批准后实施，修改、废止时亦同。

第20条 生效时间

本制度自××××年××月××起颁布执行。

	修订标记	修订处数	修订日期	修订执行人	审批签字
修订 记录					

4.5
现场物料盘点管理

为了指导生产现场的物料盘点工作，使现场的物料数量准确无误，纠正现场物料账实不符的情况，避免因账面错误导致物料需求计划出现问题，班组长应做好现场物料的盘点管理工作，确切掌握某段时期内的库存数量及损耗等情况，据此分析盈亏、改善物料管理工作。

4.5.1　现场物料日常盘点与处理

现场物料盘点可以完善生产现场物料库存管理工作，有效控制生产现场物料的数量，确切掌握某段时期内的物料消耗情况，据此改善物料管理，因此，班组长应加强对物料盘点的管理。班组长对现场物料的盘点应包含以下几点内容，具体内容如图 4-11 所示。

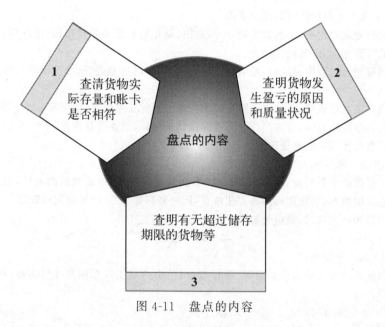

图 4-11　盘点的内容

在明确了盘点的工作内容之后，班组长就要定期组织班组员工，对生产现场物料库存展开盘点工作，现场物料盘点工作的操作流程如图 4-12 所示。

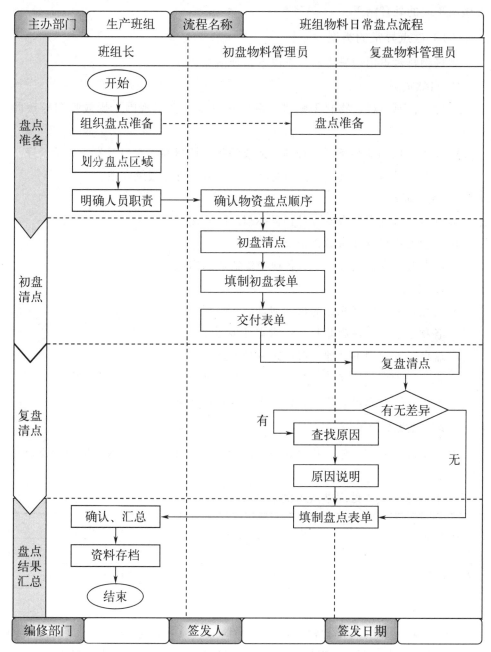

图 4-12　现场物料盘点工作的操作流程

4.5.2　现场物料盘点异常处理

　　班组长对现场物料的盘点是一项日常的工作，承载着物料台账与实物的衔接，当发现账实不符的时候，就应及时查明出现异常的原因，针对不同的异常情况做出不同的处理结果。

（1）盘点异常的类型

现场物料盘点出现异常通常有以下三种情况。

① 自然损益。

a.物品、原材料、物料采购进仓后，在盘点中会出现因干燥或吸潮导致的损益。

b.在生产现场储存条件不合理，造成物品、原材料、物料等发生质量变异。

c.盘点物料因存放时间过长而变成废料，需要进行报废处理。

② 人为损益。

a.班组物料管理员未及时对物料办理入库手续。

b.供应商提供的物资数据信息有误。

c.盘点人员在盘点过程中对各项物资造成的损耗。

③ 账务差异。

a.盘点人员未做好充分的盘点准备。

b.各项盘点物料库存量过大，盘点任务重。

c.盘点区域规划不合理，造成区域盘点遗漏。

d.盘点培训课程安排不合理，盘点人员对物料的盘点流程不熟悉。

e.未对已经盘点过的物资进行妥善处理，造成盘点重复。

（2）盘点差异处理

针对盘点差异的产生，班组长应制定相应的处理办法，以规范物料盘点差异处理工作。

以下是盘点差异处理办法示例，供参考。

办法名称	盘点差异处理办法		受控状态	
			编　　号	
执行班组		监督部门	编修部门	

第1章　总则

第1条　目的

为了了解物料账实差异的情况,查找产生差异的原因,保证现场物料的安全,及时挽回盘点异常造成的损失,规避盘点差异的出现,规范物料盘点差异处理的方法,特制定本办法。

第2条　适用范围

本办法适用于班组长对现场物料盘点过程中出现的所有异常问题的处理工作。

第3条　职责分工

1.班组物料管理员负责所有物料出入库单据的保管、传递,核对系统库存与实物库存,保证账实相符。

2. 班组长负责整个生产班组现场的管理,对班组现场所有物料负责,组织并监督每月的盘点工作,如实汇报物资盘点异常,落实责任人,提出赔偿或者处罚建议,并在盘点工作结束____天内上报车间主任。

3. 车间主任负责整个生产车间的日常管理,对车间所有物料负责,负责生产现场盘点异常情况的处理。

第2章 盘点差异处理流程

第4条 核对台账

盘点工作结束后,将现场实际库存物料与台账相核对。

第5条 查明账实不一致的原因

存在账实不一致的现象,盘点人员和班组长立即查明原因。

第6条 表单记录

盘点人员和班组长编制"物料盘点汇总表"(见附表1)、"物料盘点差异汇总表"(见附表2)、《物料盘点差异原因报告》和《物料盘点奖惩申请》,提交车间主任审核。

第7条 审批台账

车间主任审批后,对生产现场的物料台账进行调整,并对相关责任人进行奖惩。

第3章 盘点结果的确认

第8条 验证盘点异常情况

盘点结果反映出异常情况后,需要经过相关人员进行确认,由盘点人员、班组物料管理员、班组长、车间主任再次验证,核实异常情况后签字确认。

第9条 说明异常原因

对因疏忽导致盘点结果出现异常的,相关盘点人员做出的修改须经所有盘点人签字确认,并在备注栏内说明具体原因,方能生效,否则将追究相关人员责任。

第10条 确定责任人

相关盘点人员对盘点差异表所反映出来的盘盈、盘亏结果数据负责,对认定的盘盈、盘亏需做出签字确认。

第4章 盘点异常处理措施

第11条 查出盘盈、盘亏原因

发生盘盈、盘亏情况后,首先由盘点人员配合班组物料管理员查出原因,有单据未入或单据未销的必须事前注明,否则将追究相关责任人的责任。

第12条 追究责任

属于确定仓库丢失所致的盘点异常,能够分清直接责任人的,由责任人赔偿;不能分清责任人的,需办理核销报批手续。

第13条 保险索赔

属于意外事故等原因造成的盘点异常,应向保险公司索赔。

第14条 追究管理责任

对其他因管理不善、制度执行不到位造成的丢失和毁坏,应由相关责任人负责赔偿,并追究班组长的管理责任。

第15条 追踪差异处理情况

相关部门必须对差异处理情况作出追踪和落实,并在每月____日前将盘点异常处理反馈表报人力资源部备案。

第5章　盘点异常奖惩

第 16 条　物料保管不善造成盘点异常的惩处。

1.物料白条出库、物料丢失、损坏、腐蚀,视情节轻重进行赔偿,轻者由班组物料管理员按照盘亏额的 40%～80% 赔偿,严重者,全额赔偿。

2.物料台账记录错误造成账实不符的,每出现一笔处罚____元。

第 17 条　监督不严造成盘点异常

1.班组长需在每月____日之前上报盘点差异汇总表,延迟一天处罚____元。

2.班组长由于监督不严造成重大盘点异常,按照异常金额的____%进行赔偿。

3.班组长及物料管理员在出现重大盘点异常时没有及时处理,导致公司损失的,按照不低于损失物料总额的____%进行赔偿。

4.相关人员没有对盘点异常责任人进行处罚的,对相关人员处以____元罚款。

第 18 条　奖励

由上次盘点至今,在物料保管过程中没有出现因保管和账务问题引起盘点差异的,班组相关人员每人奖励____元。

第6章　附则

第 19 条　编制单位

本办法由×××车间负责编制、解释与修订。

第 20 条　生效时间

本办法自××××年××月××日起生效。

编制日期		审核日期		批准日期	
修改标记		修改处数		修改日期	

附表 1　物料盘点汇总表

物料盘点汇总表

部门									日期	
盘点卡号	物料编号	单位	实盘数量	账面数量	差异数量	单价	差异金额	差异原因		存放区域
合计										

盘点人员:　　　　　　　　　　　　　　　　　复盘人员:

附表 2 物料盘点差异汇总表

物料盘点差异汇总表

编号：   日期：   年 月 日

品名	存储区域	物料基本信息			盘点信息		盘盈信息		盘亏信息		差异分析	
		单价	数量	规格	数量	日期	数量	金额	数量	金额	原因	对策

班组长：   车间主任：   制表人：

第5章

班组质量控制与改进

5.1

质量管理要点

班组在执行生产任务时，质量管理的高低直接影响企业内部下一道工序的执行，甚至影响产品的最终质量。所以，质量管理要以预防为先、提前明确班组质量管理的任务和责任，确定产品质量的原因和对策是做好班组质量管理的重要保障。

5.1.1 质量管理任务与责任

高水平的班组质量管理工作可以保证企业班组生产的稳定运行和高效发展，实现企业的精益化发展。班组长要确定班组质量管理任务与责任，提高班组进行质量管理工作的水平。班组质量管理任务与责任如表 5-1 所示。

表 5-1　班组质量管理任务与责任

概要		详情
管理任务	产前任务	1. 明确方案。在学习车间的生产质量标准文件的基础上，根据班组质量生产任务,制定任务目标、实施步骤、工作流程的达标标准
		2. 统一思想。在班会中对班组员工进行质量安全生产教育,从思想上指导班组员工在生产中严把质量关
	产中任务	1. 检测材料。组织员工对原材料的结构、性能、纯度等方面进行检测
		2. 监控程序。对正在实施的工序进行动态把控,巡视现场
		3. 检验产品。检验在制品、半成品和最终产品的质量
	产后任务	1. 收集反馈质量信息。组织填写质量日报表,反映每次对生产作业质量的检查情况(原料质量、生产流程质量、设备质量、成品质量),汇总周报或月报,向上级报告
		2. 处理未达标产品。分析未达标产品的不合格原因,建立健全产品档案,改进生产质量
管理责任	管理生产流程	根据企业的生产计划文件,明确工艺流程和操作标准
	检验生产物资	保障原料、设备,以及成品的质量
	控制生产质量	进行产品抽检,保障良品率

5.1.2 产品质量原因与对策

班组产品质量问题一般可分为正常质量波动和异常质量波动。异常质量波动会导致严重的产品质量问题，直接影响到企业的经济效益。所以，班组长需从确定发生产品质量问题的原因、提出解决对策两方面着手，做好产品质量管理。

（1）检查产品质量问题的方法

检查产品质量问题的方法如表5-2所示。

表5-2　检查产品质量问题的方法

序号	方法概要	方法详情
1	工作流程的自检和互检	在进入下道工作流程之前需进行在线检查，发现问题直接在线返修，如果不能立即在线返修的将做下线返修，下道工序需对上道工序产品进行互检，以避免不合格品流入工序
2	进行例行检查	比如电压、电流等，以确保设备能满足生产要求，如有问题及时进行维修
3	班次抽检	在生产过程中，班长、工段长、检验人员对产品或半成品进行在线抽检。在产品下线的时候对产品进行抽检
4	特殊性检查	针对不同的工艺和生产需要，进行特殊性保证检查，比如焊接质量检查等

（2）班组产品质量原因分析

班组产品质量问题可能存在的原因如表5-3所示。

表5-3　班组产品质量问题原因分析

序号	原因概要	分析
1	人为因素	违反操作规程、未达到工艺指标
2	设备因素	设备带病运转、仪表失灵不准
3	材料因素	原料不符合生产标准、原料数量不足
4	工艺因素	不当的操作顺序、违规操作行为
5	环境因素	极端的天气环境（雷电、冰雹、大雨等）以及恶劣的工作条件（照明不佳、噪声过大、极端温度等）对加工环境的影响
6	质检因素	流于形式的质检活动、脱离生产规范的质检流程

（3）班组产品质量问题的解决对策

班组产品质量问题的解决对策如表 5-4 所示。

表 5-4　班组产品质量问题的解决对策

序号	对策概要	对策详情
1	育人	① 做好员工的培训工作：思想教育培训树立质量意识和团队意识，工作操作规范培训提高生产质量
		② 制定相应的奖惩措施：及时奖励高品质高效率的生产员工以惺高员工积极性，对出现产品质量问题较多的员工进行相应处罚
		③ 做好生产班组的班次交换工作。保证生产信息的准确传达，例如质量、安全、设备运行状况和原料状况等信息
2	管物	① 管好设备。确保设备的安全性。班组长应该定期安排人员开展设备检查，以及设备原件的质量检查工作
		② 管好原料。做好原料的质量管理，对物料保管员的专业技术水平进行培训，要求熟记原料产品的化学成分和物理性能
		③ 管好库存。做好库存管理、品质检验，做好原料分析的把关，确保生产原料保质保量，符合生产要求
3	控场	① 营造舒适的生产环境。组织相应员工在每日生产任务的前后，检查生产现场的污染程度，加强现场环境卫生管理
		② 营造安全的生产环境。对生产现场进行日常安全检查，对消防设备定期检查并更换设备，确保生产现场无工作安全隐患
		③ 营造积极活跃的生产环境。在一线的生产环境中，进行日常巡检交流，时刻与员工保持沟通，关心员工的作业感受

5.2

制程质量控制

制程质量控制是班组质量管理工作的重中之重，其主要工作内容是明确质量控制的检测制度，对不合格品进行严格控制和妥善处理。班组长需要做好制程质量控制工作，严抓班组产品质量，提高产品的合格率和班组的生产质量。

5.2.1 建立制程质量三检制

（1）制程质量三检制

制程质量三检制，是指将生产人员自检（自检）、生产人员互检（互检）和专职检测人员检测（专检）三种检测制度相结合而形成的一种检验制度，质量三检制可以消除质量隐患、减少质量事故，最大限度保证制品质量，其具体内容如图 5-1 所示。

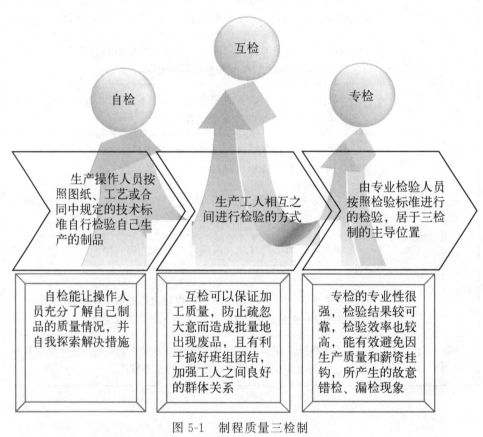

图 5-1　制程质量三检制

（2）制程质量三检制管理办法

班组需要把制程质量三检制贯彻落实到班组的日常生产的过程中，形成一个有序的、完善的、严格的质量管理检验程序，保证每道工序产出的制品都能符合质量要求和生产工艺的要求，提高班组生产工作的整体质量。

以下是制程质量三检制管理办法，供参考。

办法名称	制程质量三检制管理办法		受控状态	
			编　号	
执行部门		监督部门	编修部门	

第1章　总则

第1条　目的

为落实制程质量三检制,让班组员工掌握自检、互检、专检,强化班组员工的质量管理意识,确保生产过程中制品质量得到保证,特制定本办法。

第2条　适用范围

本办法适用于班组制程质量三检制的管理。

第3条　职责分工

1.质量管理部负责从质量管理部抽调质量检验人员组成质量监督检查小组。

2.生产车间和质量监督检查小组,负责对各班组的制程质量三检制的实施情况进行监督管理和抽查。

3.班组长负责班组制程质量三检制的执行与记录,并将记录情况定期向车间主任汇报。

第2章　自检

第4条　学习质量管理相关标准

班组要定期组织员工对质量管理相关标准进行学习,培养员工的质量管理意识,提高员工的自检技能。

第5条　班组制品自检

每位班组生产人员均应对自己生产的制品进行自检,有质量异常问题时应该及时解决,如遇特殊或重大异常时须及时报告班组长,由班组长填写"员工自检处理单",说明详细情况并上报生产车间和质量监督检查小组。

第6条　自检内容

1.首件自检(换刀、设备修理)、中间自检(按生产频次规定执行)、定量自检(按班组实测实行)。

2.自分,如将不良品区分、隔离、待处理。

3.自记,如填写三检卡、检查各种票证并签字。

第7条　班组长督促与抽查

班组长需随时督促班组员工实施自检,并随时对班组员工实施自检的情况进行抽查,遇异常情况及时处理。

第3章　互检

第8条　制品互检

进行流水线生产作业的员工,需按工序进行制品互检,当下道工序接到上道工序的制品时,应检查上道工序制品的质量是否合格,检查合格后,继续下道作业,检查不符合,可拒绝接收该制品。

第9条　抽查监督

进行非流水线生产作业的员工,由班组长对班组内员工进行随时抽查,车间主任对各班组的员工进行随时抽查。

第 10 条　互检内容

1.下道工序对上道工序流转过来的制品进行抽检。

2.同一机床、同一工序轮班交接时进行相互检验。

3.班组长对本工序加工生产出来的产品进行检验。

第 4 章　专检

第 11 条　专检人员要求

1.专检人员需熟悉制品质量要求和生产工艺,具有熟练的检验技能和丰富的检验经验。

2.为保证检验的客观公正性,专检人员需与受检对象无直接利害关系。

第 12 条　严格执行质量检验程序

班组所有工序都必须定期提请专检人员进行质量检验,未经专检人员检验的项目不得进入下一道工序。

第 13 条　按规定检验

专检人员须严格按照质量管理部制定的《工厂产品质量检验规程》的规定进行检验,其检验项目主要包括在制品的外观、尺寸、理化特性等。

第 14 条　保证抽检样品数量

专检人员必须按照产品质量标准严格把关,每次抽检样品数量不得少于该工序产出数量的____%,若发现质量问题,应立即联系质量管理部相关人员对质量问题进行研究处理。

第 5 章　三检制实施控制

第 15 条　过程控制

1.班组员工必须把自检工作贯穿在整个生产过程中,保证每班一检,切忌成批量检查,避免制品出现质量问题时造成大批量损失。

2.对于自检、互检中发生的质量问题,要及时处理,并且在处理后进行一次全面自检后方可进行专检验收,若发现的质量问题班组内部不能解决,需及时上报生产车间和质量监督检查小组。

3.专检人员要如实记录检验结果,不得故意错检、漏检或重复检验。

第 16 条　结果处理

1.在制品交接验收时若发现的质量问题要立即组织更改或联系质量管理部相关人员进行处理,不得拖延,以免造成更大的损失。

2.对于重复出现的质量问题,质量管理专员应给予重视,分析原因,力求杜绝此类事故的发生。

3.质量管理专员应依照工厂质量管理规定,对造成质量事故损失的人员追究相应的责任。

第 6 章　三检制实施情况监督

第 17 条　确立监督小组职权

生产经理应保证三检制实施情况监督小组具备独立的监督职权,不受其他部门的制约,有权直接向上级主管部门反映三检制实施情况。

第 18 条　建立监督检查文件

质量监督检查小组要建立并执行各种保证检查工作质量的文件,包括表单工具、制度规范等。

第 19 条　落实监督检查工作

质量监督检查小组要明确成员的工作内容、责任范围,并通过定期会议总结三检制实施情况,提出改进意见,确保质量三检制的推进。

第 7 章　附则

第 20 条　编制单位

本办法由质量管理部负责编制、解释与修订。

第 21 条　生效时间

本办法自××××年××月××日起生效。

编制日期		审校日期		批准日期	
修改标记		修改处数		修改日期	

5.2.2　确保质量保证"三不"原则

质量管理的"三不"原则,即不生产不合格品,不接受不合格品,不流出不合格品。班组在生产过程中,应让员工知道"什么是'三不'""为什么要'三不'""怎么做到'三不'",以此来提高班组所有员工的质量意识,降低不合格品的产出数量。

(1)"三不"原则的具体内容

质量管理"三不"原则是需要让每位班组员工都了解并掌握的,其具体内容如图 5-2 所示。

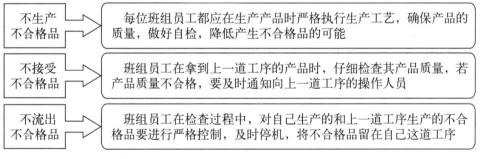

图 5-2　"三不"原则具体内容

(2)制程质量的管理办法

在班组内落实好"三不"原则,并非只是简单地将"三不"原则的内容告诉员工,而是要制定明确的制程质量管理办法,让员工在制程中有依托、有凭证、有参考,做好质量控制环的每步,就是对"三不"原则最好的管理。

制程质量管理办法如下所示,供参考。

办法名称	制程质量管理办法		受控状态	
			编　号	
执行部门		监督部门	编修部门	

第1章　总则

第1条　目的

为提高班组员工的质量管理意识,保证班组在制程中可以严格遵守"三不"原则进行产品生产,控制好班组的制程质量,特制定本办法。

第2条　适用范围

本办法适用于班组的制程质量控制管理工作。

第3条　职责分工

1.质量管理部负责本办法的编制、解释与修订。

2.车间主任负责对各班组的制程质量进行监督和控制。

3.班组长对班组的制程质量进行严格监督和执行,并定期向车间主任进行汇报。

第2章　制程质量管理工作要点

第4条　制程质量控制的主要内容

1.制程质量控制主要内容是保证每个制程都按规定的方法和顺序在受控状态下进行,受控的对象如下。

(1)即将投入生产的各种物资。

(2)已批准生产、安装和服务的设备。

(3)书面程序或质量计划。

(4)计算机软件。

(5)引用的标准和规章。

(6)批准的适用工艺、员工。

(7)有关的辅料、公用设施和环境条件等。

2.对硬件产品、制程、软件、流程性材料、服务或环境的质量状况,应按照加工顺序在关键工位进行验证,以减少损失,提高效益。

3.制程监控应按成品规范或内控标准进行。

4.对所有制程的检验均应制订计划并进行明确规定。对要检查的质量特性应保存书面试验和检验程序,包括试验和检验的专用设备,以及具体技术要求和技艺准则。

5.应制定制程的清洁、防护方法以及包装细节,包括防潮、防震等程序。

6.鼓励班组员工研究改进制程质量的新方法。

第5条　物料控制

1.投产前,所有的材料和零件均应符合规定的要求。但在确定接收检验的类型和数量时,应考虑其对成本的影响、不合格物料对生产流程的影响。

2.物料、产品应适当存放、隔离、搬运和防护,以保持其适用性。

3.要特别考虑物料的保管期及变质等问题,避免物料的无故浪费。

第6条　物资的可追溯性和标识

1.可追溯性:当产品的可追溯性对质量至关重要时,在接收、生产、交付、安装等所有制程中都应保持其相应的识别标记,以确保对物资的识别和验证状态的可追溯性。

2.标识:物资的标记和标签应字迹清楚、牢固耐久并符合规范要求。从接收、生产、交付到安装,应按书面程序进行独特标识并做好记录,保证能在必须追回或进行特别检验时识别具体产品。

第7条　设备控制和维护

1.所有的生产设备,包括机器、夹具、工装、工具、样板、模具和计量器具等,在使用前均应验证其精确度。

2.注意维护制程控制中使用的计算机以及软件。

3.设备在两次使用间应合理存放和防护并进行定期验证和再校准,以确保满足精确度、准确度和精密度的要求。

4.班组要制订预防性的维护保养计划,以确保持续而稳定的制程能力。

5.对设备性能有所下降且可能影响到产品质量的设备要特别加以注意。

第8条　辅料、公用设施和环境条件

1.对质量特性起重要作用的辅料和公用设施,如生产用水、压缩空气、电、化学用品等也应加以控制并定期进行验证,以保证对制程影响的统一性。

2.对产品质量十分重要的环境条件,如温度、湿度和清洁度,应规定一定的限度并进行控制和验证。

第3章　制程质量管理实施

第9条　制程控制管理

1.应对产品质量起重要作用的制程制订计划,并进行监测和控制。

2.应对不易和不能经济的测量以及需要特殊检验技能的产品特性给予特别注意。

3.应以适当频次对制程参数进行监控和验证,主要包括以下四个方面。

(1)所用设备的准确度。

(2)操作人员的技能、能力和知识。

(3)用于控制制程检测结果和数据的精确度。

(4)制程环境和其他影响质量的因素,如时间、温度、压力。

4.在某些情况下,如制程的缺陷不能通过产品本身的试验或检验进行直接验证,只有在产品使用后才变得明显,那么这类制程的质量必须事先鉴定确认,以保证制程能力以及可以控制制造过程中的所有重要变化。

第10条　制程更改的控制

1.应明确规定制程更改的批准部门的职责。

2.当更改设计时,生产工具、设备、材料或制程的所有变更需形成文件,并按规定的程序实施。

3.每次制程更改后都应对产品进行评价,以验证所做的更改是否使产品质量达到了预期效果。

4.同时,还应将由于制程更改而引起的制程和产品特性之间关系的任何变化形成文件,并及时通知相关部门。

第11条　制程自检

1.制程中每位操作人员均应对自己生产的产品实施自检,如遇质量异常应挑出,如系重大或特殊异常应立即向班组长报告,并填写"质量异常处理单",需写清异常说明、原因分析及处理对策。

2. 送质量管理部门判定异常原因及责任发生部门后,依实际需要交有关部门会签,再送企业最高管理者拟定责任归属及奖惩,如果有跨部门或责任不明确的,请企业最高管理者批示。

3. 现场各级主管均有督促下属确实实施自主检查的责任,随时抽验所属各制程质量,一旦发现有质量异常时应立即处理,并追究相关人员的责任,以确保产品质量水准,避免异常再次发生。

第12条　制程验证

1. 应验证制程的生产能力是否符合产品的要求和规范。

2. 必须确定对产品质量有重大影响的与产品或制程特性有关的作业,对其进行必要的控制以确保这些特性符合规范要求或进行适当的修改或改进。

3. 制程验证的对象还包括材料、设备、计算机系统及软件、程序和人员。

第13条　产品搬运

1. 产品搬运,要求对进厂的材料、在制品和最终的产品进行合理的计划和控制,并有书面的搬运制度,这不仅适用于交货,还适用于产品投入使用。

2. 搬运产品时,应正确选择和使用适当的货盘、容器、传送装置以及运输装置,以防止在生产或交付制程中由于振动、磨损、腐蚀、温度或任何其他条件所造成的损坏。

第14条　验证状况的标识

1. 应对制程输出的验证状况做出标识,这种标识可采用适当的方式,如印记、标签、标记或在产品的检验记录上标出,或由计算机条码标出,或标出实际的位置。

2. 这些标识应能区别未经验证的、合格或不合格的产品,也应能识别负责验证的单位。

第15条　不合格品的控制

应对不合格产品和不合格器材的标识和控制工作进行明确规定。

第16条　质量文件的控制

应按照质量体系的规定对质量文件进行控制。

第4章　附则

第17条　编制单位

本办法由质量管理部负责编制、解释与修订。

第18条　生效时间

本办法自××××年××月××日起生效。

编制日期		审核日期		批准日期	
修改标记		修改处数		修改日期	

5.2.3　不合格品判断、处理与管理

不合格品是指企业在生产过程中产生的不符合质量要求和生产工艺的产品,主要包括两类产品:一类是某些特性异于正常产品的产品;另一类是被判定为不合格品,且经返工、特采后仍然不能使用的产品。做好不合格品的判断与处理,是保证产品质量的关键。

（1）不合格品的判断

不合格品的判断工作主要是质量检验人员按照产品图样、工艺文件、技术标准或检验作业指导文件对产品的各项质量指标进行检验和试验，看产品的各项质量指标是否符合标准。若受检产品存在一个或多个指标不符合标准，该产品即为不合格品。

对产品质量进行判断时，有两种判断方式，这两种判断方式的具体内容如图5-3所示。

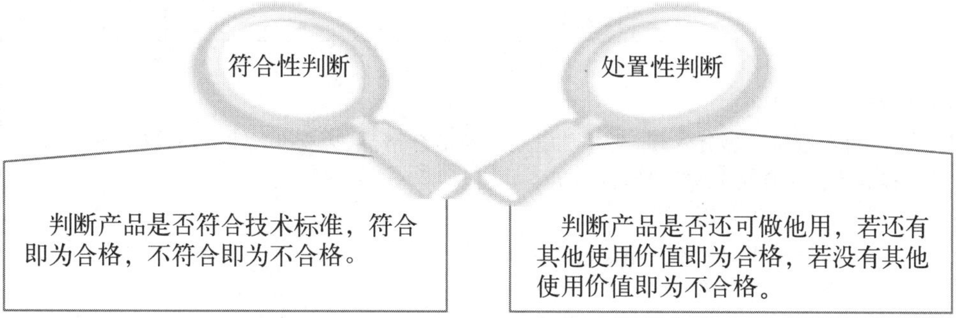

符合性判断

处置性判断

判断产品是否符合技术标准，符合即为合格，不符合即为不合格。

判断产品是否还可做他用，若还有其他使用价值即为合格，若没有其他使用价值即为不合格。

图 5-3 产品质量的判断方式

（2）不合格品的处理

不合格品的处理是一项专业性和技术性很强的工作，需要由专业的质量检验人员完成。班组在此过程中的任务主要是配合质量检验人员做好不合格品的处理，这就要求班组长需要对不合格品的处理方式有大致了解。不合格品的处理方式如图5-4所示。

返工	将不合格品送至车间进行重做，使之达到标准
返修	将不合格品送至车间进行再加工，使之达到预期要求
降级	改变不合格品的等级，使不合格品符合不同于原有的要求
报废	对实在无法使用的产品视为报废品，依报废品管理规定处置
让步接受	对不影响正常使用，也不会引起顾客不满的不合格品准许放行

图 5-4 不合格品的处理方式

（3）不合格品的管理

班组要对不合格品做好管理，尽可能做到及时发现并处理不合格品，保证整体工序不受影响。做好不合格品管理是提升生产质量的重要条件，班组长可依据不合格品的管理办法对不合格品进行全面管控。

以下是不合格品管理办法，供参考。

办法名称	不合格品管理办法		受控状态	
			编　　号	
执行部门		监督部门	编修部门	

第1章　总则

第1条　目的

为对不合格品做好管理，及时发现并处理不合格品，确保不合格品不流向下一道工序，提高生产工作的整体质量，特制定本办法。

第2条　适用范围

本办法适用于班组不合格品的管理工作。

第3条　职责分工

1.质量管理部负责监督车间、班组对不合格品的返工、筛选、标识及隔离工作。

2.车间对各班组的不合格品管理工作进行监督。

3.班组负责对班组内发现的不合格品进行及时处理。

第2章　不合格品的来源分类与记录

第4条　不合格品的来源分类

1.进料检验不合格。

2.制程检验不合格。

3.成品检验不合格。

4.遭客户投诉的产品或退货。

第5条　不合格品的记录

发现不合格品时，由发现班组对发现的不合格品进行记录，方便之后对不合格品进行追溯，不合格品的记录应包括以下具体内容。

1.不合格品的名称、规格、颜色、编号。

2.不合格品产生的订（工）单号、生产日期、部门。

3.不合格品数量占总产量的比率。

4.不合格品的缺陷描述。

5.相关部门对不合格品的评审结论。

6.对不合格品的处置意见和实施结果的详细情况。

7.针对不合格现象的纠正与预防措施及实施效果。

第3章　不合格品的分析与定性

第6条　不合格品适用性分析

发现不合格品后，对不合格程度较轻或报废后造成经济损失较大的不合格品，应从技术性方面加以考证，对产品的质量等级进行鉴别，确定以下三个内容。

1.是否可以在不影响产品适用性的情况下对不合格品进行合理利用。

2.是否可以在征得客户同意的情况下对不合格品进行合理利用。

3.是否可以在采取返工、返修等补救措施后对不合格品进行合理利用。

第7条 产品质量等级鉴别

对产品进行质量等级鉴别,涉及符合性判断与适用性判断两种不同等级的判断。

1.符合性判断

产品质量符合性判断是要求质量检验人员判断产品是否符合质量标准,并给出产品合格或产品不合格的结论。

2.适用性判断

(1)产品质量适用性判断是一项技术性极强的工作,应由质量管理部门主管以上级别的人员,根据产品的不合格程度及对产品品质的最终影响程度确定分级处理办法。

(2)在做适用性判断时,需要质量管理部、工艺技术部、生产管理部和生产车间等相关部门共同参与,但各部门的参与程度和评审权限有所不同。

第8条 不合格品处理部门的责任权限

1.根据不合格品的评审与批准意见,明确不合格品的处理方式及相关部门的责任权限。

2.相关部门需按不合格品的处理意见,对不合格品实施搬运、储存、保管及后续加工工作,并由专人加以督办。

第4章 不合格品的处理

第9条 不合格品的处理要求

1.及时发现不合格品,做出标记并隔离存放。

2.确定不合格品的范围,如机号、时间和产品批次等。

3.按规定进行不合格品的鉴别、记录、标识、隔离、控制、审查与处理,并加以记录。

4.通知受不合格品影响的部门做好预防措施。

5.不合格品品质审理人员,必须由质量管理部门经理授权资格确认并有文件记录。

6.不合格品的处理结论一次性有效,不能作为以后不合格品处理和验收的依据。

7.属于检验员错检、漏检通过的不合格品,由操作者与检验员共同在"责任"栏内签字,各负其责。

8.尚未设计定型产品的不合格品,以设计部门为主负责处理。

第10条 不合格品处理的"三不放过"原则

1.原因未找出不放过。

2.责任未查清不放过。

3.纠正措施未落实不放过。

第11条 不合格品的处理程序

1.不合格品标识。不合格品无论被确定为何种处置方式,检验人员都应立即做出标识,并及时进行分类隔离存放,以免发生混淆。

2.明确检验员的职责和不合格品标识方法。

(1)质检员按产品图样和加工工艺文件的规定检验产品,正确判别产品是否合格。

(2)对不合格品做出识别标记,并填写产品拒收单及注明拒收原因。

3.将不合格品进行隔离。明确不合格品的隔离方法,对不合格品要做好记录,并设置明显的标记,存放在工厂指定的隔离区,以避免与合格品混淆或被误用。

第 12 条 不合格品的处理方法

1.纠正。对已发现的不合格问题进行改善。

(1)返工。车间、班组对不合格品进行重做,使不合格品能够达到质量标准。

(2)返修。车间、班组对不合格品进行一定程度的再加工,使不合格产品能够达到预期要求。

(3)降级。改变不合格品的等级,使不合格产品符合不同于原有的要求。

2.报废。对实在无法使用的产品视为报废品,依报废品管理规定处置。

3.让步接受。对不影响正常使用,也不会引起顾客不满的不合格品准许放行。

第 5 章 附 则

第 13 条 编制单位

本办法由质量管理部负责编制、解释与修订。

第 14 条 生效时间

本办法自××××年××月××日起生效。

编制日期		审核日期		批准日期	
修改标记		修改处数		修改日期	

5.3 ▶▶

班组质量改进

在产品同质化越来越严重的竞争环境下,消费者对于高质量的产品需求愈发旺盛,供给侧结构性改革、高质量发展是企业的必由之路,班组是企业产品质量提升的核心发力环节,只有做好班组质量管理工作,才能为市场提供高质量的产品,增强企业竞争力。

5.3.1 班组质量改进活动

班组长在日常生产中,观察产品的生产流程,找出影响质量的薄弱环节,听取班组员工的意见,围绕提升工艺水平和降低次品率来提升产品的质量,设置一系列有可操作性的质量改进措施,再辅以有指导性的质量改进管理办法,有利于形成长效的质量改进机制。

(1)质量改进活动设置

递增式的质量改进的特征是改进步伐小、改进频繁,是最适合班组质量改进的一种方法,班组长应学习递增式的质量改进的内容,把握其特征和方法,以解决产品质量问题为出发点，制订的班组质量改进活动设置的步骤，步骤中可体现质量改进的措施。

班组质量改进活动设置步骤如表 5-5 所示。

表 5-5　班组质量改进活动设置步骤

序号	改进步骤	改进措施
1	明确问题	班组长根据客户的反映、上级的要求、自己的观察、班组员工的建议，明确产品的问题所在
2	掌握现状	班组长对产品问题进行统计和分析，重点统计产品问题的数量、分析和量化解决产品问题的紧急程度以及问题的危害程度
3	分析问题产生原因	召开班组会议，发动班组员工，群策群力，找出问题产生的原因，并对原因进行分析，听取大家的意见
4	拟定对策并实施	选择成本最低的解决措施，组织班组员工实施质量改进，必要时可向车间主任汇报，寻求其他部门的帮助
5	确认效果	与老产品、其他企业同类产品对比，找出品质突出之处，确认质量提升的效果
6	设定生产标准化参数防止质量问题再发生	为巩固质量提升成果，应寻求技术部的帮助，检测出产品和用料的各类参数，设定生产标准化参数，防止质量问题再发生
7	总结	班组长总结质量改进的工作，形成总结报告，奖励有卓越贡献的班组员工，将总结报告推广至其他班组

（2）质量改进办法

质量改进是一个长期的过程，班组长应在质量改进的工作中不断总结和创新，依据企业已有的质量改进系列办法，在此基础上，制定更加详细和有可操作性的质量改进办法，提高班组质量改进工作的效率。

以下是班组质量改进办法，供参考。

办法名称	班组质量改进办法		受控状态	
			编　　号	
执行班组		监督部门		编修班组

第 1 章　总则

第 1 条　目的

为了加强对班组质量改进工作的指导，使班组合理而有效地进行质量改进工作，保证各项质量改进措施得以贯彻执行，特制定本办法。

第 2 条　适用范围

本办法适用于指导班组解决产品质量问题、改善产品工艺、降低次品率等工作。

第 3 条　职责分工

1.班组长负责组织实施车间主任下达的质量改进计划工作。

2.班组长负责组织班组内部自发的质量改进工作,负责与上级或其他平级班组间的联系,负责对质量改进工作中有突出贡献的班组员工进行奖励等工作。

3.班组员工负责协助班组长和上级部门开展产量提升的工作。

第 2 章　质量改进实施原则

第 4 条　全员主动参与

1.质量改进是全方位、跨部门进行的,包括班组在内的企业全体工作人员都应该参与到质量改进的工作中来。

2.班组员工在日常生产作业的过程中,一旦发现有可以进行质量改进的地方,就应该立即汇报给班组长,所有人应主动参与到班组质量改进的工作中。

第 5 条　全面改进

开展班组全方位的质量改进工作,既包括半成品的质量改进,又包括成品的质量改进,也包括影响产品质量的物料改进和设备改进工作。

第 6 条　频繁改进

班组所有成员应明确质量改进是以追求高效果和高效率为目标的质量管理的持续活动,通过频繁的质量改进活动,提升产品质量。

第 7 条　预防性改进

班组的各项质量改进措施不仅要对质量问题进行事后的检查与补救,而且要对各项质量问题进行预防,防止同一质量问题重复发生。

第 8 条　按顺序改进

1.班组应优先改进上级部门要求的问题。

2.班组中存在很多的问题,受人力、物力、财力和时间的限制,解决问题时必须决定其优先顺序,从众多的问题中选取最主要的问题,并说明理由。

第 9 条　安全第一

若班组不具备相应的保障质量改进工作顺利进行的能力,如缺少所需的防护设备、安全应急装置等安全保障,应立即向车间主任汇报,车间主任答复未出之前,严禁任何班组员工擅自开展质量改进工作。

第 3 章　质量改进实施

第 10 条　选择改进方法

班组自发的质量改进工作通常可采用对比评分法和技术分析法,对改进目标(半成品、成品、物料、设备、工具等)进行改进,两种方法的介绍如下。

(1)对比评分法。班组长和班组员工运用调查、对比、评价等方法,将企业产品的质量与市场上畅销的同类产品的质量进行对比,给出评分,找出本企业产品质量改进的重点。

(2)技术分析法。班组长和班组员工收集行业生产技术的情报,了解产品的发展趋势,探索新出技术,发掘新技术在产品上应用的可能性,了解新工艺及其实用的效果,然后试生产。

第 11 条　拟订改进计划

班组长拟订质量改进计划，计划中应包括质量改进的对象、开始和截止时间、所需物料和工具、所用设备等内容。

第 12 条　申请批准

将改进计划报车间主任审批，听取车间主任的建议，审批通过后再组织实施。

第 13 条　实施质量改进工作

按照计划，组织班组员工实施质量改进工作。

第 4 章　过程控制与奖励机制

第 14 条　安全控制

坚持安全第一的原则，若改进过程中出现不可控的安全因素，应立即中止改进工作，待解决安全隐患后，再继续开展改进工作。

第 15 条　成本控制

1.若质量改进工作所需的费用接近或达到原定的预算，则需中止改进工作，对是否继续进行改进工作进行研究和判断。

2.若改进工作确实有很大的希望能给企业带来很大的经济效益，班组长应该向车间主任汇报，并提出足够的理由。

3.无论是否继续改进工作，改进工作成功或失败，都应做好记录，撰写改进工作总结，向车间主任汇报。

第 16 条　时间控制

严格限定改进工作的时间，不得与原定的生产作业计划冲突。

第 17 条　奖励机制

1.若质量改进工作成功，对班组员工每人奖励＿＿＿元。

2.对质量改进工作中有突出贡献的班组员工每人奖励＿＿＿元。

第 5 章　附则

第 18 条　制定单位

本办法由班组长编制、解释与修订，经车间主任核准和审批后实施。

第 19 条　制定依据

本办法参照《质量改进制度》《质量改进细则》《车间质量改进规范》等文件制定。

第 20 条　生效时间

本办法自××××年××月××日起生效。

编制日期		审核日期		批准日期	
修改标记		修改处数		修改日期	

5.3.2　班组质量改进管理

班组长既要组织开展班组质量改进的活动，又要管理质量改进的工作，这要求班组长具备统筹全局和协调各方的能力，同时也要不断提升自己，班组长可通过实施班组质量改进管理的组织设计工作和制定班组质量改进的管理办法开展质量管理工作。

（1）组织设计

组织是指人们为实现一定的目标，互相协作结合而成的集体或团体。根据目标需要，选取大小适合的组织结构类型，对组织结构进行设计，有利于高效地开展工作，大型生产型企业的班组长应能对班组质量改进小组的组织结构进行设计。

① 组织结构。班组质量改进小组组织结构如图 5-5 所示。

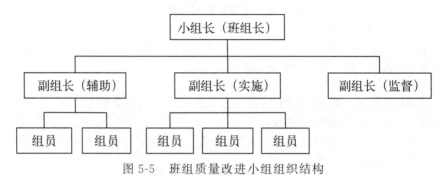

图 5-5　班组质量改进小组组织结构

② 组织结构说明。班组质量改进小组组织结构说明如图 5-6 所示。

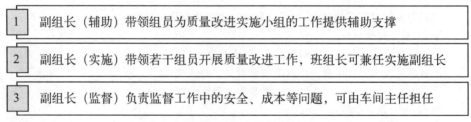

图 5-6　班组质量改进小组组织结构说明

（2）管理办法

明确了班组质量改进小组的组织结构后，班组所有成员的职责和关系一目了然，有利于保障质量改进工作的顺利实施，有利于班组长开展班组质量改进的管理工作，班组长可通过制定管理办法来开展管理工作。

以下是班组质量改进管理办法，供参考。

办法名称	班组质量改进管理办法		受控状态	
			编　　号	
执行班组		监督部门	编修班组	
第 1 章　总　则				

第 1 条　目的

为了加强班组长对班组质量改进工作的管理工作，明确质量改进小组各成员的责任,促进质量改进工作高效且顺利地实施,特制定本办法。

第2条　适用范围

本办法适用于班组长和车间主任对质量改进小组的管理工作。

第3条　职责分工

1.班组长负责设计质量改进小组的组织结构,任命组织结构中(除监督岗外)的各岗成员。

2.辅助副组长负责为质量改进实施小组的工作提供辅助支撑,如物料、工具、设备等方面的准备。

3.实施副组长组织实施质量改进工作,包括技术难关的攻克、图纸的设计、计划的制订、计划的实施。

4.监督副组长负责监督工作中的安全、成本、进度等问题,一般由车间主任担任,也可由车间主任任命专人担任。

5.辅助组员负责辅助具体工作的实施。

6.实施组员以突出各自技能和专长为出发点,负责各项任务的实施。

第2章　质量改进管理原则

第4条　计划性

班组质量改进管理是企业整体的质量管理的重要环节,任何改进管理工作都应遵循计划性的原则,制订完备的改进计划,班组长在计划的指导下实施管理工作。

第5条　组织性

班组质量改进管理小组应具备组织性,明确不同班组员工的职责分工、权利义务,把各有擅长的班组员工有机统一起来,实现组织效率和利益的最大化。

第6条　协同性

班组长应积极与其他班组联系和沟通,掌握整体质量改进的动态,与其他班组互相分享质量改进的方法和技巧,互相帮助,解决各自所遇到的困难。

第7条　全面化

班组质量改进管理应遵循全面化原则,即人员、物料、设备、工具、半成品、成品的全面化,找出其中影响产品质量的因素,进行改进,最终作用到产品质量的提升工作中。

第8条　创新性与前瞻性

班组的质量改进管理工作应聚焦未来产业的发展需求,具备前瞻性与创新性,即哪怕现有的质量改进管理工作无法给当下带来利益,但是具备光明的前途和高度的创新性,就应坚持不懈地组织改善。

第3章　质量改进管理实施

第9条　物料改进管理

1.本办法中的物料特指原材料和辅料。

2.原材料的改进管理工作主要围绕质量对比和质量保护工作进行,班组可对比同类不同质的原材料的各方面特性和参数,综合考虑成本控制,其他各生产要素不变的情况下,以原材料为自变量,进行试生产,测评半成品和成品的质量,得出原材料的改进思路。

3.向原材料管理部门提建议,改变原材料的堆放方式,改善堆放环境,防止原材料变质。

4.辅料主要是工业辅料,如纯碱、催化剂、润滑剂等,借鉴原材料改进管理的思路,以不同质的辅料为自变量,进行试生产。

第10条 设备改进管理

听取设备的实际操作人员、老员工、熟练工等员工的建议,围绕在设备上做加法或减法的思路,对设备的部件进行增减,改变设备摆放位置,最后试生产。

第11条 工具改进管理

以保护为目标,找出使用过程中容易伤害到原材料、半成品、成品、设备的问题工具,对工具进行更换或改造。

第12条 半成品改进管理

班组质量改进小组在工作中应注意对半成品工艺的改进和保护。

第13条 成品改进管理

围绕提升工艺水平,对成品的技术进行管理。

第4章 质量改进过程控制与效果评估

第14条 改进措施的实施过程控制

车间主任负责监督各质量改进职能部门的质量改进过程,主要有以下5方面内容。

1.对在质量改进过程中发现的不适合的改进措施进行调整,制定新的适合生产现场的改进措施。

2.监督各班组质量改进的进度,保证质量改进措施按计划完成。

3.对质量改进的成本进行控制,防止质量改进成本超出预算。

4.指导班组完成本部门的质量改进目标,从而实现质量改进的总目标。

5.把握市场变化规律,规避质量改进风险。

第15条 质量改进实施应注意的问题

在质量改进实施过程中,质量管理部应避免出现以下问题。

1.对质量改进的认识性不足,难以调动员工对质量改进的积极性。

2.对计划的传达和理解有误。

3.没有对涉及质量改进的员工做必要的教育培训。

4.实施过程中的领导、组织、协调力度不够。

5.质量改进需要的资金、人力资源不足。

第16条 质量改进效果

质量管理部要负责对质量改进效果进行评估,主要有以下3方面工作内容。

1.对质量改进的效果要进行正确确认。

2.确认各班组是否严格按照计划实施了质量改进对策、是否达到预期效果。

3.对质量改进不明显的质量改进项目要进行分析总结,找出问题所在,为下一轮的质量改进工作提供依据。

第5章 附则

第17条 编制单位

本办法由班组长编制、解释与修订,经车间主任核准和审批后实施。

第18条　制定依据

本办法参照《质量改进制度》《质量管理制度》《质量改进细则》《车间质量改进规范》等文件制定。

第19条　生效时间

本办法自××××年××月××日起生效。

编制日期		审核日期		批准日期	
修改标记		修改处数		修改日期	

5.3.3　质量改进工作总结

班组质量改进工作完成后，班组长应撰写工作总结，对班组质量改进活动进行全面回顾、检查、分析、评判，从理论认识方面，高度概括经验教训，以明确改进方向，指导今后班组质量改进工作。

以下是质量改进工作总结，供参考。

文书名称	质量改进工作总结	编　号	
		受控状态	

为了对质量改进工作进行回顾，提高所有班组员工在质量改进工作中的思想认识，把工作中得出的零散的认识和经验上升为系统的认识和经验，从而得出科学的结论，有利于吸取经验教训，提高工作效率，使今后的工作少走弯路，多出成果，特在此进行质量改进工作总结。同时，还有利于与其他班组的交流和沟通，借鉴和共享经验、方法、技术，推动企业质量改进工作的顺利实施。

一、质量改进工作基本情况

1.班组名称:×××车间×××班组。

2.工作性质:产品质量改进。

3.组织设计:班组长任质量改进小组小组长,班组员工任小组组员,车间主任任监督副组长。

4.工作时间:××××年××月××日至××××年××月××日。

5.指导思想:统筹规划、全面改进、技术创新、循序渐进、成本控制、点滴积累。

6.政策形势:"十四五"规划的高质量发展理念,要求制造业企业要转型升级,推动供给侧结构性改革,提高产品生产质量。

二、质量改进工作成果

1.按时完成了上级交代的质量改进任务。

2.提升了班组员工的技能水平。

3.收集了大量的数据,充实了企业研发设计的数据库。

4.质量改进的工作过程中顺带改善了物料管理、现场管理、安全管理等工作。

5.改进后的产品不良率由6%降低到2%,改进工作共花费成本××万元,预计1年内因改进节省生产成本××万元,3年内因该项改进节省成本××万元。

三、质量改进的教训和经验

1.未能做好物料管理的控制工作,导致了物料的浪费,增加了生产成本。

2.未能做好质量改进工作的保密措施,被竞争对手获取了工作动向。

3.利用数智设备与工具能大大提升工具工作的工作效率。

四、总结

1.在今后的日常工作中继续做好班组员工的培训、物料改进、工具改进等工作。

2.继续提升班组员工参与班组自发的质量改进工作的积极性。

3.关注市场需求、行业发展趋势、竞争对手的动向,做好保密工作。

班组长(盖章)

××××年××月××日

编制人员		审核人员		审批人员	
编制时间		审核时间		审批时间	

第**6**章

班组安全管理

6.1

班组安全管理要点

　　班组安全管理是以保护员工的人身安全为出发点，通过调集有效的资源，发挥班组成员的集体智慧，解决一切通过物料、机器设备、场地传导至危害人身安全的问题，实现生产过程中人、机器设备、物料的和谐统一，达到企业整体安全生产的目标。

6.1.1　建立安全生产责任制度

　　班组安全生产责任制度的制定主体是班组长，班组长根据企业总体的安全生产责任制度，结合班组的实际情况，制定班组安全生产责任制度，报车间主任审批后才能实施。

　　以下是安全生产责任制度，供参考。

制度名称	安全生产责任制度		受控状态	
			编　　号	
执行班组		监督部门	编修部门	

第 1 章　总则

　　第 1 条　目的

　　为做好班组安全管理工作,规范生产过程,落实安全生产责任,保障班组员工人身安全,特制定本制度。

　　第 2 条　适用范围

　　本制度适用于指导和约束本班组包含班组长在内的所有员工人身安全和员工安全生产的相关工作。

　　第 3 条　指导思想

　　坚持以人为本、预防为主、科学管理的思想,注重细节,严格检查督促,自下而上强化安全生产作业意识。

　　第 4 条　制定原则

　　坚持约束性原则、权威性原则、稳定性原则。制度一经生效,就不宜经常变动和修改,所有班组成员就必须严格遵照执行,如果违反有关条款,就要受到相应的处罚。

第 2 章　班组长的安全管理责任

　　第 5 条　班组长事前安全管理责任

　　1.明确不进行有效安全生产管理而可能产生的风险和危害类型,形成培训文件,定期告诫员工。

　　2.根据部门总的安全生产责任制度,结合班组生产作业实际情况,制定并完善更加精细化的班组安全生产责任制度。

班组长岗位培训手册
130

第6条　班组长事中安全管理责任

1. 发现生产中的不安全因素并迅速制定消除该因素的措施,收集各岗位员工关于安全生产的建议。

2. 检查和督促班组员工遵守安全操作流程和各项安全规章制度。

3. 带领本班组员工认真贯彻执行安全生产制度和标准化作业程序,及时制止违规的行为。

第7条　班组长事后安全管理责任

1. 班组长对本班组员工的生产作业安全事故负直接责任。

2. 班组长应按规定组织做好班组员工因安全事故导致的伤亡处理工作。

第3章　班组长的安全生产责任

第8条　班组长事前安全生产责任

1. 班组长需定期在生产作业前对新员工和特殊工种的员工进行安全意识提升教育,对班组员工生产作业安全常识进行考核。

2. 班组长应当了解气候变化,把握生产任务的特点、操作环境和安全措施,根据班组员工的思想情绪、技术水平、体质强弱等因素合理分配生产任务。

第9条　班组长事中安全生产责任

1. 班组长应全面了解出勤人员的思想状况,掌握工作面和各岗位人员的安全状况,做好记录。

2. 对于领导下达的临时性生产任务,班组长应按照整体的生产情况、员工操作技能的水平和身体状况,合理安排并组织员工进行生产,在安全生产的前提下保证按质、按量、按时完成生产任务。

3. 对不符合安全生产情况或没有可靠安全措施的任务,班组长应及时提出意见,必要时可拒绝接受或越级报告。

第10条　班组长事后安全生产责任

1. 班组长应对班组使用后的机具、防护用具等认真进行检查,督促教育职工合理使用劳保用具,并正确使用灭火器材,发现安全隐患及时加以解决,解决不了的及时报告上级处理。

2. 班组长应认真做好各岗位员工交接班和检查验收的工作,日常和夜间作业施工前负责对作业人员进行施工前的安全交底,并做好记录,将安全、质量情况及存在的问题向接班员工交代清楚并及时向车间主任汇报本班组工作情况。

3. 班组长负责本班组的安全事故追查、分析、处理工作,并吸取教训,改进工作。

第4章　班组员工的安全生产职责

第11条　班组员工的安全生产权利

1. 有权拒绝违章作业的指令,对他人的违章作业加以劝阻和制止。

2. 有权定期向班组长提出安全生产管理的意见,指出安全生产的隐患。

3. 有权要求班组长和车间主任提供劳保用具,发现劳保用具存在普遍的质量问题可越级上报。

第12条　班组员工应尽的安全生产义务

1. 认真学习和严格遵守各项规章制度,不违章作业,对本岗位的安全生产负直接责任。

2.操作人员应严格遵守纪律,做好各项记录,交接班时必须交接安全情况。

3.上岗必须按规定着装,妥善保管和正确使用各种防护器具和灭火器材。

4.认真执行交接班制度,保证本岗位工作地点和设备与工具的安全、整洁,不随便拆除安全防护装置,不使用自己没权限使用的机械和设备。

5.积极参加安全生产知识教育和安全生产技能培训,提高安全操作技术水平。

第5章　班组员工安全生产责任考核奖罚

第13条　班组员工安全生产责任考核奖励

凡在安全生产中成绩突出,具备下列条件之一的班组员工,班组长给予表彰,发放一次性奖金。

1.认真贯彻执行生产车间和班组安全生产制度,在安全生产工作中取得显著成绩的,每人奖励____元。

2.在安全生产方面有较大贡献或者提出重大合理化建议的,奖励____元。

第14条　班组员工安全生产责任考核惩罚

对于有下列行为之一的班组员工,给予相应处罚,具体如下所示。

1.违章作业造成事故的,每人处以____元罚款。

2.违反班组安全生产责任制度,造成事故的,每人处以____元罚款。

3.发现险情,既不采取防范措施,又不及时报告,而发生事故的,每人处以____元罚款。

4.存在事故隐患,不执行上级和安全部门限期整改的要求,造成事故的,每人处以____元罚款。

5.发生事故后,不积极组织抢救,不吸取教训采取措施,致使同类事故重复发生的,每人处以____元罚款,并通报批评。

第6章　附则

第15条　编制单位

本制度由×××班组班组长制定,报车间主任核准审批,本制度的解释权及修改权归×××车间。

第16条　编制依据

本制度参照《生产部安全生产制度》《×××车间安全生产责任制度》制定。

第17条　生效时间

本制度自××××年××月××日起生效。

编制日期		审核日期		批准日期	
修改标记		修改处数		修改日期	

6.1.2　设置作业安全标志

班组长根据车间规模、施工环境条件、作业结构特征、设备机具布置和施工作业特点等确定危险部位,确定警告标志、提示标志、指令标志、禁止标志等相关安全标志的数量,结合国家标准《图形符号　安全色和安全标志　第5部分:

安全标志使用原则与要求》（GB/T 2893.5—2020）的要求进行标志的设置。

（1）安全标志设置要求

① 班组长应针对班组不同场所的危险程度，有针对性地设置安全标志，绘制安全标志平面图。

② 按工厂有关规定，在厂内道路设置限速、限高、禁行等交通安全标志。

③ 在检维修、施工、吊装等作业现场设置警戒区域和安全标志。

④ 在可能产生严重职业危害作业岗位的醒目位置，按照规定设置职业危害警示标志，同时设置告知牌，告知产生职业危害的种类、后果、预防及应急救治措施、作业场所职业危害因素检测结果等。

⑤ 在生产区域设置风向标。

⑥ 在易燃、易爆、有毒有害等危险场所的醒目位置设置符合规定的安全标志。

（2）注意事项

安全标志牌放置位置的注意事项如图 6-1 所示。

1	标志牌不应放在门、窗、架等可移动的物体上，以免这些物体移动位置后看不见安全标志；标志牌前不得放置妨碍阅读的障碍物
2	生产现场安全标志不得随意挪动，确需挪动时需经安全部经理批准，备案后及时通知所有员工
3	安全标志设置的位置应具有除自然光外良好的照明条件
4	多个作业点作业，岗位密集时应当选择有代表性的作业点设置一个或多个安全标志；岗位分散时应当在每个作业点分别设置安全标志
5	多个安全标志牌在一起设置时，应按警告、禁止、指令、提示的顺序，先左后右、先上后下地排列

图 6-1　安全标志牌放置位置的注意事项

6.1.3　制定用电作业安全规范

电力是企业中最普遍的能源，班组是企业中大量用电的单位，班组长应制定详细的班组用电安全规范，用以规范班组员工的用电行为，提升员工的用电作业安全意识，降低用电作业安全事故的发生率。

以下是用电作业安全规范，供参考。

规范名称	用电作业安全规范		受控状态	
			编　　号	
执行班组		监督部门	编修班组	

第1条　目的

为规范班组员工安全用电的行为,保证其人身安全,保证班组所在车间生产活动的顺利进行,防范安全事故的发生,特制定本规范。

第2条　适用范围

本规范适用于规范×××车间×××班组的用电作业。

第3条　用电安全标志管理规范

1.对各类用电安全标志定期检查,定期清洗,发现有变色、变形、损坏、图形符号脱落、亮度降低等现象时,为不影响其安全信息的正确表达,应由专门班组员工及时更换或修理安全标志。

2.当安全标志发生位移时,应由设置人员及时调整、恢复,防止相关人员不能迅速地注意到安全标志所表达的安全信息而发生意外。

3.安全标志牌有破损、字迹模糊、严重褪色等情况时应报废;安全标志牌与新颁布的国家标准、行业标准、工厂标准有冲突时也应报废。

第4条　用电管理规范

值班期间坚持遵守巡回检查管理制度,对用电设备进行定时检查和记录,班组长是第一责任人。

第5条　用电作业环境安全规范

1.配电室应保持清洁、干燥,并配有良好的通风设施,室内禁止吸烟、存放危险物品。

2.各种机械设备的电闸箱内必须保持清洁,电闸箱应配锁,非相关工作人员不得触碰。

3.电力设备应存放在干燥处,并配有妥善的防雨、防潮设施。

4.严禁在用电设备、开关箱上张贴和悬挂物品。

5.严禁在机械设备附近堆放易燃、易爆物品,防止因机械设备故障产生的火花而引起火灾。

6.严禁在灯泡开关、熔丝盒和电线附近放置棉花、油类、木屑等易燃物品,以防发生用电火灾。

7.用电设备的金属外壳必须与保护线可靠连接,单相用电要用三芯的电缆连接,三相用电用四芯的电缆连接。

8.车间内的移动式用电器具,如坐地式风扇、电锤、手提打磨机、手电钻等电动工具都必须安装使用漏电保护开关实行单机保护。

第6条　用电设备安装安全规范

1.安装用电设备和电灯等用电器具时,需由专业电工进行安装;用电设备出现故障时,要由电工进行修理。

2.安装用电设备时,应符合安装要求,不能使用有裂纹或破损的开关、灯头和破皮的电线,电线接头要牢靠,并用绝缘胶布包好,发现有破损现象时,要及时找电工修理。

第7条 用电设备清洁安全规范

1.禁止用湿手或湿抹布接触或擦拭带电的用电设备。

2.在做现场管理工作时,不得使水溅到插座、用电设备、用电工具、电机、接线盒等器具上,避免用电设备、线路等漏电引发安全事故和短路损坏用电设备。

3.对设备进行清洁时,必须切断电源,在电源处放置"正在清洁,请勿通电"的警示牌,待机械停止工作后,确保安全的情况下进行清洁,防止发生人身伤亡事故。

第8条 用电设备维修安全规范

1.严禁带电维修,当紧急情况确实需带电维修时,应有监护人、良好的照明设备、足够的操作空间,并穿戴绝缘手套、工作帽、工作服、绝缘鞋,按照维修安全操作规程进行维修。

2.停电维修作业前,必须做好停电、验电、挂接地线、悬挂标志牌、设置临时遮栏等安全措施。

3.严禁用铜线、铝线、铁线代替保险丝,空气开关坏后应立即更换,保险丝和空气开关的大小一定要与用电容量相匹配,否则容易造成触电事故或引发用电火灾。

4.电缆或电线的驳口或破损处要用电工胶布包好,不能用医用胶布代替,更不能用尼龙纸包扎,严禁用电线直接插入插座内用电。

5.设备维修人员必须接受过专业技术培训,并经过专业考核合格,获得上岗资格证书,方可参加带电作业。

6.设备维修人员必须具备足够的专业电力知识,能够熟悉设备安全操作规程并熟练掌握维修规程。

7.定期对电力设施和带电设备进行检修,消除用电安全隐患。

8.维护、维修电力设备时必须切断电源,工作完毕后再恢复正常。

9.不得带电使用兆欧表测量绝缘电阻。

10.更换灯泡时,应先关闭开关,然后站在干燥绝缘物上换灯泡;开关、插座或用电器具损坏或外壳破损时应及时修理或更换,未经修复不能使用。

第9条 用电作业操作安全规范

1.操作高压开关必须穿戴绝缘手套、绝缘鞋。

2.使用移动设备的人员,应经常检查所用设备、插座、电缆线的好坏,避免设备漏电伤及人员。

3.电灯线不要过长,灯头离地面应不小于2m,灯头应固定在一个地方,不要反复移动,以免损坏电线和灯头,造成触电事故。

4.移动用电设备时,一定要先拉闸停电,后移动设备,禁止带电移动;将电动机等带金属外壳的用电设备移到新的地点后,要先安装好接地线,并对设备进行检查,确认设备无问题后,才能开始使用。

5.电炉、电烙铁等发热电器不得直接搁在木板上或靠近易燃物品,使用自动控制的电热器具后要随手关电源,再三确认,以免引起火灾。

6.使用带电设备时要符合用电安全规范,保持各种用电设施完好无损。

7.对于一切电机、电钻、电锤、喷枪等,使用前必须注意机器功率与电源是否匹配,严防超负荷用电。

8.对于活动电源拖线必须保持线板、插座完好,使用过程中要留意拖线是否有升温发热现象。

第 10 条　用电作业意外险情处理规范

1.发现落地的电线,首先离开 10m 以外,不要用手去拾,同时看护好落地电线,以防他人走近而发生触电,赶紧请电工来处理。

2.如果发现有烧焦橡胶、塑料的气味,应立即拉闸停电,查明原因并妥善处理后,才能合闸。万一发生火灾,要迅速拉闸救火,如果不能停电,应用盖沙土的办法救火,一定不要泼水救火,以防触电。

3.电器通电后发现冒烟、发出烧焦气味或着火时,应立即切断电源,切不可用水或泡沫灭火器灭火。

4.如发现有人触电,应赶快切断电源或用干燥的木棍、竹竿等绝缘物将电线挑开,使触电者马上脱离电源。

5.触电者呼吸停止,心脏不跳动,必须首先拨打 120 进行急救呼叫,这期间需要用人工呼吸和心脏按压方式施行援救。

第 11 条　用电作业安全培训规范

培训人员应是持证的专业电工,带电培训时应准备木棍、竹竿、绝缘手套等物品,班组长全程监督培训过程。

第 12 条　用电作业安全考核规范

班组长的用电作业安全考核由车间主任进行,班组员工的用电安全考核由班组长进行,分理论考核和实操考核,实操考核时应有持证的专业电工陪同。

第 13 条　用电作业安全奖励规范

1.对严格执行用电操作规程,工作负责并且未出现用电安全事故的个人,奖励____元。

2.对能及时发现严重违章用电行为并消除安全隐患的个人,奖励____元。

第 14 条　用电作业安全惩罚规范

1.对违反用电操作规程,用电不合理的班组员工,一次罚款____元。

2.对不按要求安装用电造成用电设备损毁的班组员工,一次罚款____元。

3.对无证私自安装、拆卸用电器具的班组员工,一次罚款____元。

第 15 条　用电设备安装安全规范

需要安装用电设备和电灯等用电器具时,需由电工进行安装,在使用中,用电设备出现故障时,要由电工进行修理。

第 16 条　停电作业安全操作规范

1.全部区域停电或部分区域停电作业时,应在断开开关的相应位置上悬挂"有人工作,禁止合闸"的指示牌。

2.电流互感器不得开路,电压互感器不得短路。

第 17 条　制定单位

本规范由×××车间×××班组制定,经生产部经理批准后实施,修改、废止时亦同。

第 18 条　制定时间

本规范于××××年××月××日制定,自××××年××月××日实行。

第19条　签阅栏

1.签收人：

2.签收人请注意：在此签字时，表示您同意下述两点。

(1)本人保证严格按此文件要求执行。

(2)本人有责任在发现问题时，第一时间向本文件审批人提出修改意见。

修订记录	修订标记	修订处数	修订日期	修订执行人	审批签字

6.1.4　制定高处作业安全规范

高处作业也是安全事故多发的一种作业形式，高处作业事故通常是由班组员工的不规范操作和安全意识不强引起的，班组长作为班组员工的直接管理者，应制定班组的高处作业安全规范。

以下是高处作业安全规范，供参考。

规范名称	高处作业安全规范		受控状态	
			编　号	
执行班组		监督部门	编修班组	

第1条　目的

为规范班组员工高处作业的行为，保证其人身安全，保证车间生产作业的顺利进行，防范安全事故的发生，特制定本规范。

第2条　适用范围

本规范适用于规范×××车间×××班组的高处作业。

第3条　高处作业的定义

1.高处作业，是指在坠落高度基准面2m以上（含2m）有可能坠落的高处进行的作业。

2.坠落高度基准面，是指通过可能坠落范围内最低处的水平面。

第4条　高处作业分级规范

1.一级高处作业。高处作业高度在2～5m时，称为一级高处作业。

2.二级高处作业。高处作业高度在5～15m时，称为二级高处作业。

3.三级高处作业。高处作业高度在15～30m时，称为三级高处作业。

4.特级高处作业。高处作业高度在30m以上时，称为特级高处作业。

第5条　高处作业人员安全规范

以下人员严禁进行高处作业。

(1)患有职业禁忌证，如恐高症、高血压、心脏病、贫血、癫痫或有精神疾病史等。

(2)过度疲劳者。

（3）病后初愈者。

（4）年龄较高者，一般指超过50岁。

第6条　高处作业材料、器具、设备安全规范

高处作业使用的材料、器具、设备应符合《生产设备安全卫生设计总则》（GB 5083—1999）、《高处作业吊篮安全规则》（JG 5027—1992）等标准和技术规范的要求。

第7条　安全培训规范

1.班组长需协助安全管理部有关人员，开展对从事高处作业的班组员工的安全技术培训工作。

2.班组长坚持定期对班组员工开展经常性的安全宣传教育，使其认识事故的危害，掌握高处坠落事故的规律，牢固树立安全作业的思想，并提升预防和控制事故的能力。

第8条　高处作业证申请与审批规范

1.班组长须协助高处作业负责人，在高处作业前，针对作业内容进行危险辨识，制定相应的作业规程及安全措施，并编制"高处安全作业证审批报告"报安全管理部主管审批。

2.班组长须协助安全管理部主管实地检查高处作业，并检查高处作业人员和证书是否匹配。

3.登高架设作业人员（如架子工、塔式起重机安装拆除工等）必须进行专门培训，经考试合格后，持国家安全监督管理部门核发的特种作业安全操作证，方可上岗作业。

第9条　高处作业监护规范

班组长应至少设两名监护人对高处作业过程及作业人员进行监护，监护人不得擅自离岗。

第10条　安全带使用规范

1.高处作业人员应系有用于与作业内容相适应的安全带，安全带的选用与佩戴应符合国家现行标准《坠落防护　安全带》（GB 6095—2021）的有关规定。

2.安全带应系挂在作业处上方的牢固构件上，如系在专门的钢架或钢丝绳上。

3.不得系挂在移动或不牢固的物件上，不得系挂在有尖锐棱角的部位，不得低挂高用，系安全带后应检查扣环是否扣牢。

第11条　安全帽使用规范

1.戴安全帽前，应按自己头型大小，将帽后的调整带调整到适合的位置，然后将帽内的弹性带系牢。

2.严禁把安全帽歪戴、反戴，否则会降低安全帽的防护作用。

3.严禁不扣安全帽的下颌带，下颌带松紧要适度，避免被大风吹掉，或被其他障碍物碰掉。

4.使用前，要检查安全帽是否有裂缝、下凹、腐朽和磨损等情况，发现异常现象要立即报废并更换，严禁继续使用。任何受过重击的安全帽，无论是否有损坏现象，均应报废。

5.安全帽的使用应符合国家现行标准《头部防护　安全帽》（GB 2811—2019）规定。

第12条　现场高处作业安全规范

1.无论是持证的高空作业人员，还是地面辅助人员，应在开工前参加班组长组织的理论考试，通过者才能进行高空作业，且必须定期进行体格检查。

2.高处作业中的设施、设备，必须在施工前进行检查，确认其完好，方能投入使用。

3. 凡参加高处作业的人员应按规定戴好安全帽、系好安全带,衣着符合高处作业要求,穿软底鞋,不穿带钉易滑鞋、皮鞋、拖鞋。

4. 在进行高处作业时,为防止落物伤人,工作地点下方应设警戒线,除有关人员外,严禁其他人员通过和逗留。

5. 禁止脚踏在不牢固的结构上进行高空作业,为了防止误踏,应在此类结构的必要位置挂上警告牌。

6. 施工过程中,若发现高处作业安全技术设施有缺陷和隐患时,必须及时解决,危及人身安全时,必须立即停止作业。

7. 高处作业应使用金属制成的安全梯(防高坠梯)、安全升降平台、牢固的脚手架等设备,严禁使用木制设备。

8. 班组室外作业时,6级以上强风或大雨、大雪、雾天时不得从事高处作业;室内作业如遇回潮天气,应谨慎开展高处作业。

第13条 现场高处作业物品管理安全规范

1. 作业场所有可能坠落的物件,应加以固定;若无法固定,则应立即撤除。

2. 高处作业人员所使用的工具、物料、零件等应装入随身携带的工具袋中,并精心保管,上下移动时手中不得持物。

3. 工具在使用时应系安全绳,不用时放入工具袋中,严禁投掷工具、物料及其他物品。

4. 易滑动、易滚动的工具、材料堆放在脚手架上时,应采取防止坠落措施。

5. 高处作业中所有的物料,均应堆放平稳,不得阻碍通行。

第14条 高处作业安全标志设置规范

1. 高处作业应在作业地点和作业的下方设置安全警示标志。

2. 作业地点的安全警示标志应用尼龙扎带系紧,防止坠落。

第15条 高处作业安全事故处理规范

1. 发现事故,班组员工应展开临时救助,同时立即报告班组长,停止现场的生产作业,设置标线保护好事故现场。

2. 检查事故现场上空设备和物料的稳定情况,若存在二次伤害的风险,应将伤者转移至安全地点。

3. 找出伤者的受伤部位,判断伤害性质,检查呼吸和心跳,如果呼吸和心跳停止,应立即采取人工呼吸和胸外心脏按压措施。

4. 处理休克要解开伤者领口,将其放在通风保暖地方,保持平卧、少动,并将其下肢抬高20°左右。

5. 处理创伤性出血的伤员,应迅速包扎止血,使伤员保持在头低脚高的卧位,并注意采取保暖或防暑等措施。

6. 一般小伤口可围绕止血进行处理,然后视具体情况选择送医。

7. 无论伤情轻重,都应该尽快根据伤者情况联系医院等医疗机构,让伤者及时得到救治。

第16条 制定单位

本规范由×××车间×××班组制定,经生产部经理批准后实施,修改、废止时亦同。

第 17 条　制定时间

本规范于××××年××月××日制定,自××××年××月××日实行。

第 18 条　签阅栏

1.签收人:

2.签收人请注意:在此签字时,表示您同意下述两点。

(1)本人保证严格按此文件要求执行。

(2)本人有责任在发现问题时,第一时间向本文件审批人提出修改意见。

修订记录	修订标记	修订处数	修订日期	修订执行人	审批签字

6.1.5　制定高温作业安全规范

高温作业一般在机械制造业的铸造车间,陶瓷、玻璃、建材业的炉窑车间,冶金业的炼焦、炼铁、炼钢车间,电力业的发电厂(热电站)和煤气厂的锅炉车间等地方出现。班组是车间的组成单位,班组长应制定班组高温安全规范,用以规范班组员工的生产作业。

以下是高温作业安全规范,供参考。

规范名称	高温作业安全规范		受控状态	
			编　　号	
执行班组		监督部门	编修班组	

第 1 条　目的

为规范班组员工高温作业的行为,保证其人身安全和车间生产活动的顺利进行,防范安全事故的发生,特制定本规范。

第 2 条　适用范围

本规范适用于规范×××车间×××班组的高温作业。

第 3 条　高温作业认定规范

1.高温作业包括工作场所高温作业和高温天气作业。

2.工作场所高温作业是指生产劳动过程中,工作场所平均 WBGT 指数(湿球黑球温度指数)≥25℃的作业。

3.高温天气作业是指用人单位在高温天气(日最高气温＞35℃)期间安排劳动者在高温自然气象环境下进行的作业。

4.高温作业场所类型可分为高温强辐射作业场所、高温高湿作业场所及夏季露天作业场所等。

第 4 条　高温作业人员规范

1.高温作业的班组员工在上岗前和入暑前应进行体检,凡是患有中枢神经系统疾病、消化系统疾病、心血管疾病、肺气肿、肝病、肾病、多汗症的员工,不宜从事高温作业。

2.年龄高于 50 岁,久病初愈者不宜从事高温作业。

3.不得安排怀孕女职工从事高温作业。

第 5 条　高温作业标志设置安全规范

1.严禁将高温作业安全标志直接设置在高温设备上和热气通过的管道上。

2.高温作业安全标志的材质应具备防火、耐高温的特性,不允许用胶质黏性材料固定标志,应用钉子固定在显眼的位置。

第 6 条　高温作业热源控制安全规范

1.在生产工艺或技术允许的情况下,应采用水隔热或材料隔热的方法隔绝热源。

2.在高温作业车间必须设置多个通风口,并安装工业电扇以尽量疏散热量,降低车间的温度。

第 7 条　高温作业员工环境安全规范

在粉尘较多的高温作业现场应设置冷气休息室,防止因温度过高而给员工的身体造成损伤,员工定时轮换进入休息室休息。

第 8 条　高温作业作息时间安全规范

1.合理安排员工劳动时间,在炎热季节露天作业时,应延长中午休息时间。

2.严禁班组员工利用中午休息时间做与休息无关的事。

第 9 条　高温作业生理功能调节安全规范

1.班组长应准备补充电解质的防暑降温饮料,如盐汽水、绿豆汤、酸梅汤等。

2.班组长应准备毛巾、十滴水、风油精、藿香正气水等用品。

3.班组长应督促高温作业的班组员工按时饮水,禁止一次饮水过多,应少量分多次饮用。

第 10 条　高温作业物品管理安全规范

高温作业涉及的物料、工具、防护用具应远离高温设备放置,物料应分时段按量领取,工具的手柄处应有隔热材料包裹,严禁在高温设备旁摘下防护用具。

第 11 条　高温作业设备维修安全规范

1.高温设备发生故障后,应关掉电源,等待完全冷却后才能进行维修,拆开外壳后应使用红外测温仪测量设备内部温度。

2.如需带电维修或通电测试,则需严格按照《用电作业安全规范》中相关条文进行操作。

第 12 条　高温作业个人防护安全规范

1.作业期间严禁穿私服,应采用结实、耐热、透气性良好的工作服,并根据不同高温作业的需求,供给冷却衣、水冷服、工作帽、防护眼镜、面罩等。

2.高炉作业工种须佩戴隔热面罩,穿着隔热且通风性能良好的防热服。

3.班组员工应检查高温作业防具,有权拒绝佩戴问题防具,要求更换合格的高温防具。

第 13 条　高温作业准备安全规范

1.班组长应对涉及高温作业的员工进行培训,指出高温作业安全事故的危害和高温作业的操作要点。

2.高温作业班组员工需通过高温作业安全考核后才能从事高温作业。

3.开始生产前应准备石棉、炉渣、草灰、泡沫砖等隔热材料。

4.检查高温设备、电风扇、抽风机、空调、喷雾风扇和空气淋浴装置是否正常运转,如果发现故障,应维修好之后再进行高温作业。

第14条 高温作业操作安全规范

1.严禁将易燃易爆物料,导热能力强、熔点低的材料或工具直接放置在高温设备上。

2.严禁不按规定佩戴高温作业防护用具,严禁赤裸上身作业。

3.严禁疲劳作业,班组员工若发现自己状态欠佳,应立即向班组长汇报,请求调离高温环境。

4.高温作业的班组员工应互相监督,及时提醒班组成员之间的违规行为。

5.在自然风不能达到降温要求时,应设置机械通风,如电风扇、棚屋风扇、空气淋浴和空调等。

6.降低车间温度时,可以采用全面自然通风换气的方式,给热源安排排气罩,减少热源的排放。

7.高温产品的堆放应使用石棉、炉渣、草灰、泡沫砖等隔热材料进行堆放区域的分隔。

第15条 高温作业中暑处理安全规范

1.班组员工一旦发现自己中暑,应向班组长汇报,等待有人来替换自己后,立即找一个远离高温设备的阴凉通风处坐下休息,同时小口慢饮补充水分,解开领口扣子保持身体周围通风,涂抹或服用解暑药物,经过一段时间休息后,若症状不见改善,应及时就医。

2.班组员工发现他人中暑时,应采取以下措施。

(1)迅速将患者移到通风、阴凉、安静的地方,使其平卧并解开衣扣,松开或脱去衣服,如衣服被汗水湿透应更换衣服。

(2)可在患者头部放置冷毛巾,可用冰水或冷水进行全身擦浴,然后用电扇等吹风,加速散热,但不要快速降低患者体温,当体温降至38℃以下时,要停止一切冷敷等强降温措施。

(3)患者仍有意识时,可喂给一些清凉饮料,在补充水分时,可加入少量盐或小苏打,禁止喂给大量水分,否则会引起呕吐、腹痛、恶心等症状。

(4)患者若已失去知觉,可指掐人中、合谷等穴,使其苏醒;若呼吸停止,应立即实施人工呼吸。

(5)对于重症中暑病人,必须立即送医院治疗。搬运患者时,应用担架运送,不可使患者步行,同时运送途中要注意,尽可能地用冰袋敷于患者额头、枕后、颈部两侧、腋下及腹股沟,积极进行物理降温,以保护大脑、心肺等重要器官。

第16条 高温作业安全事故处理规范

1.若发现班组员工被烫伤,应立即向班组长汇报,同时采取紧急措施处理烫伤,将伤员移至冷气休息室。

2.用流动冷水轻轻冲洗伤口10~30分钟,小心除去衣物,如果伤口比较严重粘到了衣服,可以用剪刀轻轻地剪开衣服,千万不要强行剥去任何的衣物,以免弄破水疱,因为水疱表皮在烧伤早期有保护创面的作用,能够减轻疼痛,减少渗出。

3.将烫伤药轻柔均匀涂抹于小面积的烫伤伤口及其周边皮肤,严禁包扎。

4.对于大面积烫伤,可用无菌纱布或干净的纯棉毛巾覆盖于伤口并固定,以减少外界的污染和刺激,有助于保持创口的清洁和减轻疼痛,再转送到专业治疗烧伤的烧伤专科医院进行进一步正规治疗。

第 17 条　制定单位

本规范由×××车间×××班组制定,经生产部经理批准后实施,修改、废止时亦同。

第 18 条　制定时间

本规范于××××年××月××日制定,自××××年××月××日实行。

第 19 条　签阅栏

1.签收人:

2.签收人请注意:在此签字时,表示您同意下述两点。

(1)本人保证严格按此文件要求执行。

(2)本人有责任在发现问题时,第一时间向本文件审批人提出修改意见。

修订 记录	修订标记	修订处数	修订日期	修订执行人	审批签字

6.1.6　制定低温作业安全规范

低温作业的危害同样不容小觑,不同的班组在生产作业时面临的低温风险都不一样,为了规范班组员工低温作业的行为,提高其预防低温作业安全事故的意识,保证班组生产作业的正常进行,应制定班组级别的低温作业安全规范。

以下是低温作业安全规范,供参考。

规范名称	低温作业安全规范		受控状态	
			编　号	
执行班组		监督部门	编修班组	

第 1 条　目的

为规范班组员工低温作业的行为,保证其人身安全和车间生产活动的顺利进行,防范安全事故的发生,特制定本规范。

第 2 条　适用范围

本规范适用于规范×××车间×××班组的低温作业。

第 3 条　低温作业认定规范

1.低温作业是指生产劳动过程中,其工作地点平均气温等于或低于 5℃的作业。低温作业除了受温度影响,还与作业环境中的湿度有关。

2.低温作业主要包括寒冷季节从事室外或室内无采暖设备的作业,以及工作场所有冷源装置的作业。作业人员在接触低于 0℃的环境或介质(如制冷剂、液态气体等)时,均有发生冻伤的可能。

第 4 条　低温作业冻伤分级判定规范

1.一级冻伤。一级冻伤是班组低温作业中最为常见的,也就是皮肤浅层冻伤,伤害的是表层皮肤,受伤部位常见知觉麻木、皮肤红肿和充血等情况,一段时间后,感觉到瘙痒和灼热以及灼痛。

2.二级冻伤。班组作业中的二级冻伤表现为真皮浅层受到冻伤,皮肤出现含有透明或乳状液体的大小的水疱,皮肤深部出现水肿,伤者感觉剧烈疼痛。

3.三级冻伤。皮肤颜色由苍白色转化成黑褐色或是紫褐色,出现颜色更深的出血性水痘,伴随着剧烈疼痛。

4.四级冻伤。四级冻伤最为严重,往往会冻伤肌肉和骨骼,皮肤呈蓝紫色,疼痛难忍,严重时会使得肢体坏死,甚至造成全身性冻伤,更有可能使心脏骤停,导致心源性猝死。

第 5 条　低温作业人员规范

1.凡患有未控制的高血压、心脏病、胃肠功能障碍等疾病者,不宜从事低温作业。

2.年龄高于 50 岁,久病初愈者不宜从事低温作业。

3.严禁安排"四期(经期、怀孕期、产期、哺乳期)"内女员工从事低温作业。

第 6 条　低温作业标志设置安全规范

1.严禁将低温作业安全标志直接设置在低温设备上,以免冰霜覆盖遮挡视线,丧失其提醒意义。

2.低温作业安全标志的材质应耐低温的特性,不允许用胶质黏性材料固定标志,应用钉子固定在显眼的位置。

第 7 条　低温作业员工环境安全规范

1.在需要营造低温环境的低温作业现场应设置暖气休息室,防止因在低温环境下工作时间过长而给员工的身体造成损伤,员工定时轮换进入休息室休息。

2.在不需要营造低温环境的低温作业现场应采取供给暖气、放置火炉、隔绝冷气等办法,调节车间内温度在人体可耐受的范围。

3.当班组潜水员工在水下低温作业时,由于水的比热容和导热系数均较空气大得多,所以低温症状和伤害也就会出现得更早,因此生理温度调节的频率应当增加。

第 8 条　低温作业作息时间安全规范

合理安排员工劳动时间,在低温季节露天作业时,应延后早晨上班时间。

第 9 条　低温作业生理功能调节安全规范

1.班组长应在生产作业现场准备供班组员工饮用的热水。

2.班组长应准备防冻护手霜、防冻乳液。

3.班组员工应食用高热量的食物以提高耐寒能力,多吃瘦肉类、蛋类、鱼类、大豆和豆制品以及富含维生素 C 的果蔬等。

第 10 条　低温作业物品管理安全规范

1.低温作业的物料、工具等应避免接触水渍。

2.严禁不戴防具直接用手触摸金属物料或工具。

第 11 条　低温作业设备维修安全规范

1.低温设备发生故障后,应关掉电源,等待完全恢复至正常温度后才能进行维修,拆开外壳后应使用红外测温仪测量设备内部温度。

2.如需带电维修或通电测试,则需严格按照《用电作业安全规范》中相关条文进行操作。

第12条　低温作业个人防护安全规范

1.班组长应为职工提供应有的防寒服、鞋、帽、手套等防寒保暖用品,选用导热性小、吸湿和透气性强的御寒服装。

2.在潮湿环境下作业的班组员工,还应配发橡胶手套、工作服、围裙、长靴等防湿用品。

3.涉及有毒气体逸散或泄漏的低温作业,班组员工应佩戴防毒面罩。

4.班组员工应检查低温作业防具,有权拒绝佩戴有质量问题的防具,可要求班组长更换低温防具。

第13条　低温作业准备安全规范

1.班组长应对涉及低温作业的员工进行培训,阐明低温作业安全事故的危害,指出低温作业的操作要点。

2.低温作业班组员工通过低温作业安全考核后才能从事低温作业。

3.低温作业现场应准备应对氨气和臭氧泄漏的防毒面罩和氧气面罩,设置检测有毒气体泄漏的报警装置。

4.检查低温设备、电暖炉、暖风机、空调、暖气片等装置的正常使用情况,如果发现故障,应维修好之后再进行低温作业。

5.低温作业班组员工可以通过主动的耐寒训练来提高耐寒能力,如每年秋冬季节进行室外体育锻炼,结合冷水洗脸、洗手脚、冷水浴等。

第14条　低温作业操作安全规范

1.长期坐姿和站姿,活动量少的低温作业班组员工应定时活动四肢,检查是否有冻伤现象。

2.严禁不按规定佩戴低温作业防护用具,严禁脱下防护服。

3.严禁用皮肤直接接触低温设备,如果出汗浸湿头部、手脚后,应退出低温作业环境,用干毛巾擦干身体后再继续低温作业。

4.班组员工若自身出现或发现别人出现呼吸急促、心率加快、咳嗽、咽痛、头痛、困倦、身体麻木、感觉迟钝、动作反应不灵敏、注意力不集中和不稳定等生理和心理反应,应立即向班组长汇报,请求调离低温环境。

5.班组员工应时常检查有毒气体报警设备的正常运行情况。

6.低温作业的班组员工应互相监督,及时提醒班组成员之间的违规行为。

7.时常根据测温仪上温度显示,判定低温等级,若防护用具的防护能力和所处的低温环境不匹配,应立即暂停低温作业,退出低温环境,待调整防护装备后再组织生产作业。

第15条　低温作业冻伤处理安全规范

1.班组员工一旦发现自己被冻伤,应向班组长汇报,等待有人来替换自己后,立即找一个远离低温设备的温暖处坐下休息,如果仅仅是手冻伤,可以把手放在自己的腋下升温,并去医务室治疗。

2.对局部冻伤的急救要领是慢慢地用与体温一样的温水浸泡患部使之升温,待冻伤处温度恢复正常后,再进行医疗处理。

3.班组员工发现他人被冻伤时,采取以下措施。

(1)迅速将伤者移至温暖的室内,询问伤者感觉不适的部位,手、足、耳郭等处是否有发痒、刺痛等不适。

(2)脱下或剪开冻伤者受冻部位的衣物,检查伤者的局部皮肤是否发红、发紫或肿胀,大致判断受冻级别,若衣物冻结不易解脱,则用 40℃ 左右的温水使冰冻衣物融化后脱下。

(3)若受冻等级为二级及以下,则迅速帮助伤者复温,用 40℃ 左右的温水浸泡冻伤者肢体或浸浴其全身,帮助冻伤者在 15~30 分钟恢复正常体温,同时为冻伤者加盖衣物、毛毯等以保暖,并尽快就医。

(4)禁止用手搓或者用火烤等干热方式加热患者的冻伤部位。

第 16 条　低温作业安全事故处理规范

1.若伤者冻伤等级为三级及以上,昏迷或晕厥,应立即拨打急救电话,如果意识不清,呼吸及心跳停止,立即进行心肺复苏,复苏过程中首先要维持呼吸道通畅,必要时给予辅助呼吸。

2.在心肺复苏过程中,应同步进行复温工作,同时防止动作幅度过大造成伤者骨折等二次伤害。

3.严禁班组员工主观判断伤者是否死亡,应送医院抢救后由医生判定。

第 17 条　制定单位

本规范由×××车间×××班组制定,经生产部经理批准后实施,修改、废止时亦同。

第 18 条　制定时间

本规范于××××年××月××日制定,自××××年××月××日起实行。

第 19 条　签阅栏

1.签收人:

2.签收人请注意:在此签字时,表示您同意下述两点。

(1)本人保证严格按此文件要求执行。

(2)本人有责任在发现问题时,第一时间向本文件审批人提出修改意见。

修订记录	修订标记	修订处数	修订日期	修订执行人	审批签字

6.1.7　制定密闭空间作业安全规范

密闭空间通常存在窒息、中毒、高温、火灾、坍塌等风险,密闭空间作业产生综合性风险同样需要用规范的形式去防范,班组长可围绕窒息和中毒两种最常见的风险,制定班组密闭空间作业安全规范。

以下是密闭空间作业安全规范,供参考。

规范名称	密闭空间作业安全规范		受控状态	
			编　　号	
执行班组		监督部门	编修班组	

第1条　目的

为规范班组员工密闭空间的作业,保证其人身安全和车间生产活动的顺利进行,防范安全事故的发生,特制定此规范。

第2条　适用范围

本规范适用于规范×××车间×××班组的密闭空间作业。

第3条　密闭空间作业界定规范

1.密闭空间是指与外界相对隔离,进出口受限,自然通风不良,存在有害因素,足够容纳一人进入并从事非常规、非连续作业的有限空间。

2.密闭空间包括密闭式或半密闭式空间。受环境影响导致特定时段内出现密封式或半密封式的空间。

3.班组常见密闭空间有储罐、冷藏车、沉箱、锅炉、压力容器、管道、槽车、地下仓库、地窖、沼气池、化粪池、储藏室、酒糟池、发酵池、温室、粮仓等。

4.密闭空间作业是指班组作业人员进入有限空间实施的作业活动。

第4条　密闭空间作业人员规范

1.密闭空间作业的班组员工在上岗前应进行体检,凡是患有高血压、心脏病、密闭空间恐惧症的班组员工,不宜从事密闭空间作业。

2.年龄高于50岁,久病初愈者不宜从事密闭空间作业。

第5条　密闭空间作业标志设置安全规范

1.应在密闭空间内外部都设置提醒标志。其中:密闭空间内部的提醒标志应明确提示班组作业人员所处为半封闭空间,还是封闭空间;外部的提醒标志应指出密闭空间的危害和自救指南。

2.密闭空间作业安全标志应设置在有光源的地方,并且具备发光和反光的能力。

3.密闭空间作业安全标志的材质应具备稳定的化学性质,不宜与各种气体发生化学反应导致污损。

第6条　密闭空间有害气体控制安全规范

1.严禁不检测有害气体便进入密闭空间内作业。

2.应按照检测有害气体、处理有害气体、清洁密闭空间的先后顺序实施工作后,再进入密闭空间。

第7条　密闭空间作业环境安全规范

1.密闭空间内的照明设备应具有备用电源。

2.如果处于易燃易爆环境中,应使用防爆灯具和工具。

3.保持有限空间出入口畅通。

4.密闭空间作业场所的照明灯具电压应符合《特低电压(ELV)限值》(GB/T 3805—2008)等国家标准或者行业标准的规定;作业场所存在可燃性气体、粉尘的,其电气设施设备及照明灯具的防爆安全要求应当符合《爆炸性环境　第1部分:设备　通用要求》

(GB/T 3836.1—2021)等国家标准或者行业标准的规定。

第8条 密闭空间作业作息时间安全规范

严禁长时间在密闭空间作业,密闭空间外的辅助人员应按时提醒内部人员出来休息。

第9条 密闭空间作业物品管理安全规范

1.密闭空间作业涉及的物料、工具、防护用具应经过防静电的处理。

2.物料应分时段按量领取,严禁一次性堆放大量物料。

第10条 密闭空间作业设备维修安全规范

1.密闭空间设备发生故障后,应关掉电源,探明危险程度后才能进行维修。

2.如需带电维修或通电测试,则需严格按照《用电作业安全规范》中相关条文进行操作。

第11条 密闭空间作业个人防护安全规范

1.严禁不规范穿戴防护服、过滤式防毒面具、空气呼吸器、长管呼吸器等。

2.在进入不能达到清洗和置换要求的空间作业时,应使用隔绝式呼吸防护用品,如空气呼吸器、氧气呼吸器、重型防化服等。

3.高炉作业工种必须佩戴隔热面罩,身穿隔热且通风性能良好的防热服。

4.班组员工应检查密闭空间作业防具,有权拒绝穿戴问题防具,要求更换密闭空间作业防具,发现大批量质量问题时,应向班组长汇报。

第12条 密闭空间作业准备安全规范

1.班组开始密闭空间作业前,班组长必须报车间主任审批,审批结果未出之前,严禁任何班组员工擅自进入密闭空间作业。

2.班组长应对涉及密闭空间作业的员工进行密闭空间安全培训和考核,使其了解密闭空间现场情况和以往发生事故情况,指出密闭空间作业安全事故的危害,指出密闭空间作业的操作要点。

3.密闭空间作业班组员工通过密闭空间作业安全考核后才能从事密闭空间作业。

4.有针对性地准备检测与防护器材,进入作业现场后,有关人员首先要对密闭空间进行温度、湿度、易燃易爆物质(可燃性气体、爆炸性粉尘)浓度、氧气浓度、可燃气体浓度、硫化氢气体浓度的检测。

5.检测人员进行检测时,应当记录检测的时间、地点、气体种类、浓度等信息,检测记录经班组长签字后存档,检测人员作业时应采取相应的安全防护措施,防止中毒窒息等事故发生。

6.未经通风和检测合格,任何人员不得进入密闭空间作业,且检测的时间不得早于作业开始前30分钟。

7.若密闭空间存在有害气体,应进行持续通风,并对有害气体进行实时检测,防止空间内有害物质浓度增加,确保空间空气含氧量大于18%且小于22%。

8.若有杂物,应清理杂物,在此过程中如果有异常情况出现,工作人员应立即停止工作并撤离密闭空间。

9.处理好异常情况后,有关人员应针对密闭空间的作业内容、作业环境等方面进行风险评估,得出风险等级,根据风险的等级制定相应的控制措施。

10.准备安全围栏对作业中可能存在的高低温和有害物质进行有效隔离。

11.检查安全警示标志和警示说明是否缺失、污损,作业前清点作业人员和工器具的数量,检查作业人员与外部联络的设备是否正常运作。

12.密闭空间作业前,密闭空间作业人员应检查《密闭空间作业许可申请》,检查确认安全措施落实、有监护辅助人员后方可作业,否则有权拒绝作业。

13.监护辅助人员需掌握急救方法,熟练使用救护器具,确认各项安全措施的落实,对现场的作业人员的违章行为有权进行制止。

第13条　密闭空间作业操作安全规范

1.严禁不按规定穿戴密闭空间作业防护用具。

2.作业过程中应定时检查报警设备的使用情况,发现设备故障应立刻向监护辅助人报告。

3.发现通风设备停止运转、密闭空间内氧含量浓度过低,或者有毒有害气体浓度高于国家标准或者行业标准规定的限值时,作业人员必须立即停止密闭空间作业,作业监护辅助人清点作业人员,撤离作业现场。

4.作业人员若发现自己有中毒的初步征兆,如头痛、头晕、烦躁、疲惫、咳嗽、胸痛、胸闷、咽喉疼痛、气急、流泪、心律失常等现象,应立即停止作业,退出密闭空间。

5.严禁疲劳作业,班组员工若发现自己状态欠佳,应立即向班组长汇报,请求调离密闭空间环境。

6.密闭空间作业的班组员工应互相监督,及时提醒班组成员之间的违规行为。

7.监护辅助人员不得离开作业现场,并与密闭空间内作业人员保持联系,若作业人员联系不到监护辅助人员,应立即停止作业,退出密闭空间,向班组长汇报。

8.密闭空间作业结束后,班组长应组织监护辅助人员对作业现场进行清理,同时撤离作业人员。

第14条　密闭空间作业安全事故处理规范

1.若发生班组人员中毒晕倒,应立即停止工作,所有人转移出密闭空间,拨打120急救电话,同时向班组长汇报,禁止拍照和散播消极言论。

2.应立即通畅中毒者气道,采取胸外按压、人工呼吸等的方式进行就地抢救,抢救程序如下:

(1)按压吹气1分钟后,检查伤员呼吸和心跳是否恢复。

(2)若呼吸和心跳均未恢复,则继续坚持心肺复苏法抢救。

(3)在医务人员未接替抢救前,现场抢救人员不得放弃现场抢救。

3.班组长立即向车间主任汇报中毒事件和急救措施情况。

4.伤员、施救人员离开现场后,工作人员应对现场进行隔离,设置警示标志,并设专人把守现场,严禁任何无关人员擅自进入隔离区内。

第15条　制定单位

本规范由×××车间×××班组制定,经生产部经理批准后实施,修改、废止时亦同。

第16条　制定时间

本规范于××××年××月××日制定,自××××年××月××日起实行。

第17条　签阅栏

1.签收人：

2.签收人请注意：在此签字时，表示您同意下述两点。

(1)本人保证严格按此文件要求执行。

(2)本人有责任在发现问题时，第一时间向本文件审批人提出修改意见。

修订 记录	修订标记	修订处数	修订日期	修订执行人	审批签字

6.2

员工安全教育

班组员工安全教育是生产企业一项重大的安全基础性工作。班组长要组织开展班组员工安全教育工作，有利于提高班组员工的安全防范意识，降低安全事故发生的概率，提高生产效率。

6.2.1　新员工安全教育

班组长对新员工的安全教育主要集中于加强班组员工安全意识、让班组员工熟悉安全工作规则、让班组员工掌握安全事故的预防方法三个方面。新员工的教育工作是从生产部组织结构的三个层次（部门、车间、岗位）着手开展的，即三级安全教育工作。

三级安全教育工作的重点如图6-2所示。

（1）工厂安全教育的主要内容

① 劳动安全意识。介绍安全生产的作用、目标、意义。让班组员工了解劳动安全的必要性和重要性，强化班组员工以生产安全为第一要义，人人对生产安全负责的思想，提高安全意识。

② 企业生产概况。梳理企业安全生产概况，说明企业的发展脉络、生产流程、安全环境、安全工作的侧重点。拉近新员工与企业的距离，强调企业对安全工作的重视。

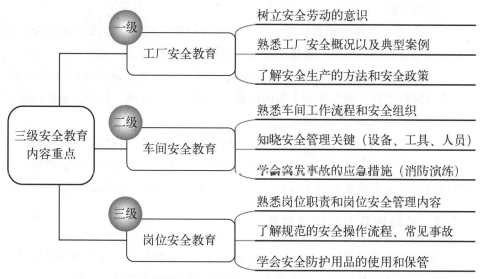

图 6-2　三级安全教育工作重点

③ 企业安全管理概况。介绍企业安全管理制度、安全保护措施、安全防护规定，使班组员工有章可依，根据规定认真贯彻执行，遵章守纪。

④ 典型案例说明。回顾近 5 年社会重大安全事故，以及企业过往的安全事故经历。以分享案例分析引入安全知识，解构安全事故产生的原因，明晰预防安全事故的措施。

（2）车间教育的主要内容

① 车间基本概况。介绍车间的生产作业（生产场所分布、生产活动流程和生产特点），说明车间的生产安全部门构成和基本情况。增进班组员工对车间以及车间安全管理的了解。

② 安全管理办法。介绍车间安全管理的方法，对车间所存在的安全隐患风险因素（人为因素、设备因素、物品因素）进行分析介绍。介绍预防和监管的措施，提高新员工对安全隐患的防范水平。

③ 防火防灾知识。定期进行消防演练，同时梳理防火防灾方案，包括介绍车间防火防灾知识、车间生产中易燃物品、易爆物品和有毒物品的使用情况和防范措施以及灭火器的使用方法等。

（3）岗位教育的主要内容

① 岗位概况以及岗位安全管理。班组长应该让班组员工熟悉岗位职责和岗位安全管理内容，包括岗位的工作特性、作业区域、涉险环境、设备概况、消防设施等，使班组员工懂得预防岗位安全事故的发生，培养接触有潜在危险性事物

的安全管理意识。

② 岗位安全工作的操作规范。班组长应该向班组员工介绍岗位的安全操作规则以及违规操作的后果，强化班组员工规范作业的思想。

③ 使用、保管劳动保护用品。班组长应该向班组员工讲解如何正确使用、保管劳动保护用品。例如安全头盔的佩戴，安全马甲的穿戴，防护眼镜的保管措施等。

④ 常见的安全事故。班组长应该向班组员工介绍在工作岗位中出现频次较高的安全事故以及可能导致事故发生的风险因素，讲解产生原因和防护措施，强调班组员工出了事故或发现了事故隐患，应及时报告领导，采取措施。

6.2.2 特种作业人员安全教育

特种作业人员是指从事压力容器设备、电气、车辆驾驶、易燃易爆等特殊工作的人员，必须分开培训。特种作业人员的安全教育内容如图6-3所示。

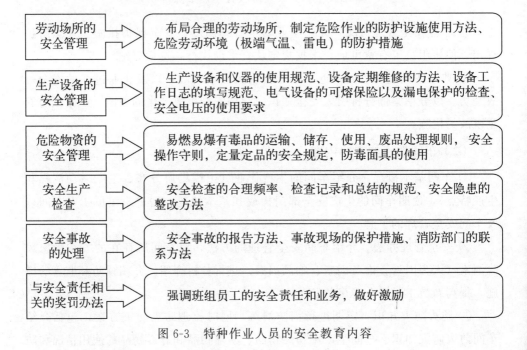

图6-3 特种作业人员的安全教育内容

6.2.3 转岗复工人员安全教育

班组员工调整工作岗位或离岗一年以上重新上岗时，班组长必须再次对其进行车间级或岗位安全教育。转岗复工人员的培训内容如图6-4所示。

二、三级常规安全教育	熟悉安全工作规则、掌握预防安全事故的方法
安全思想工作的强调	反复强调安全工作重要性、必要性和操作不规范的危害性，提高安全意识
安全工作措施的演练	示范安全操作，让班组员工上手演练，实时纠错，提高效率
加强安全教育效果的考核	笔试考试、操作演练等，检测教育效果

图 6-4　转岗复工人员的培训内容

6.3

安全检查与问题处理

　　安全检查能够发现班组安全管理中的危险因素，在这些危险因素还没作用之前就采取措施及时扑灭，有利于保障班组员工的生命安全，有利于安全管理的顺利实施，班组长可通过明确检查的要点和制定安全检查问题的处理办法来开展工作。

6.3.1　安全生产检查

　　班组长在安全生产检查的过程中，切忌形式主义地泛泛检查，而是要根据以往经验和风险的危害程度，明确班组安全生产检查的各项要点，有针对性地开展安全生产检查工作。

　　安全生产检查的要点如表 6-1 所示。

表 6-1　安全生产检查的要点

要点名称	详细描述
查思想	1.检查现场人员对安全生产的认识与责任心 2.检查现场人员能否从安全隐患的问题及导致安全事故中吸取教训
查管理	1.检查现场管理人员是否正确处理安全与生产的关系 2.检查职工的安全教育执行情况,管理人员能否严肃处理安全生产问题,并落实整改措施

要点名称	详细描述
查执行	1.检查各项安全生产制度的执行情况,有无违章指挥、违章作业的现象 2.检查各车间、班组是否制定相应安全操作规程并严格执行
查记录	1.检查各项工序操作是否按时进行记录 2.检查各项原始记录凭证是否如实、准确
查环境	1.检查机械、仪表、厂房、通道、安全装置、消防器材等安全状况是否良好 2.检查工位、器具堆放是否整齐 3.检查职工劳保用品穿戴、保管是否良好,消防通道是否畅通

6.3.2 安全检查问题处理

安全问题无小事,发现了问题却不及时处理,就相当于做了无用功,因此,对于安全检查中暴露的问题,班组长应该用办法的形式去管理和解决,才能形成长效的治理和预防机制。

以下是安全检查问题处理办法,供参考。

办法名称	安全检查问题处理办法		受控状态	
			编　　号	
执行班组		监督部门	编修部门	

第1章　总则

第1条　目的

为了指导班组长和班组员工解决班组生产作业安全检查中暴露出的问题,形成长效的问题预防、追踪溯源、解决机制,特制定本办法。

第2条　适用范围

本办法适用于班组生产作业安全问题检查工作的管理和安全问题处理工作的指导。

第3条　职责分工

1.班组长负责安全问题检查流程的制定、安全问题登记表的制作、安全问题处理方案的制定和安全问题控制方案的制定。

2.班组长任安全检查小组的小组长,班组员工任组员。

3.班组员工负责安全问题处理工作的执行。

第2章　安全问题检查要求

第4条　安全第一

班组问题检查遵循自查自纠、先处理问题、后处罚员工的原则,以处理安全问题、保障班组员工生命安全为出发点。

第5条　及时处理

班组安全检查人员必须按规定时间对安全状况及时检查、及时上报,并对查出的问题逐项分析研究,及时落实整改措施。

第6条　防护措施

对检查出的安全问题暂时不能整改的,要采取强制性防护措施,并落实整改期限。

第7条　限期整改

对检查出的安全问题有条件整改,但威胁生产安全的,应下达班组内部的"安全问题整改书",限期整改。

第8条　报告政府

对班组无力解决的重大事故问题,必须立即采取有效防范措施,向车间主任汇报,同时应向当地政府工作报告。

第9条　安全问题检查表

参加安全检查的人员必须按时到位,安全检查开始前必须明确检查目的和检查方法,并下发"安全问题检查表"。

第10条　安全问题检查表的填写

安全检查员在检查中必须认真记录检查出的问题,应包括日期、地点、设备编号、风险等级,并按要求规范填写安全问题检查表。

第3章　安全问题检查实施

第11条　明确检查组织

班组长任安全问题检查小组长,各岗位员工任组员,借鉴不相容职务分离控制的精神,检查某个岗位时,这个岗位负责的班组员工不能参与检查,鼓励其主动说出所在岗位的安全隐患,以此类推。

第12条　检查内容

1.安全问题检查小组要认真检查各项安全生产责任制度执行情况,如可通过回放监控的形式,检查是否有违章作业的现象。

2.安全问题检查小组要经常深入生产车间班组,检查生产过程中各种物料是否按规定投入,物料的堆放是否合理,现场有无危害安全的杂物,各单元是否按规定操作,操作的原始记录是否如实记录等。

3.安全问题检查小组应检查机械、仪表、厂房、通道、安全装置、消防器材等的安全状况是否良好以及检查工位、器具堆放是否整齐。

4.生产纪律情况。

(1)安全问题检查小组应检查岗位劳动纪律的执行情况,如有无擅自离开岗位,做与生产无关的事,有无酒后上岗和无证上岗的情况。

(2)安全问题检查小组应检查作业人员劳保用品是否规范穿戴、保管是否良好,消防设备是否能正常使用,消防通道是否畅通。

5.检查安全标志有无缺失,是否按照标准张贴,是否显眼,安全标志是否与应提示的区域和危险情况相对应,以及安全标志的维护保养情况。

第13条　选择检查方式

安全问题检查小组根据检查时间及检查内容确定安全检查方式,主要分以下6类。

1.经常性检查。班组长带领少量组员,对班员工的日常生产作业进行安全检查,发现问题立即整改,同时记录下来,让员工在日常生活中高度警惕安全事故。

2.临时性检查。班组紧急情况下的抢修,大修项目的开工,长期不用设备开车,新工艺、新产品、新设备的投产,都应进行临时性的安全检查,该项检查项目由班组长负责组织进行。

3.季节性检查。应针对不同季节的气候变化,有针对性地对物料、设备安全、作业现场进行检查。

4.专业性检查。专业性检查工作由班组长向上级部门汇报,由上级部门协调,委托有资质人员进行检查,检查出的安全问题情况班组应立即处理。

5.突击性检查。班组长不带任何组员,不事先通知,对班组员工的生产作业进行突击检查,防止员工产生懈怠心理,注意突击性检查不宜过多。

6.节日后检查。班组长主要在节日后对班组员工的生产作业进行检查,重点检查安全责任意识、安全思想状态,促进员工收心。

第14条 进行安全检查

1.安全问题检查小组必须按照安全检查要求,选择适当的检查方式进行安全检查,相关人员必须做好配合工作。

2.安全问题检查小组应填写"安全问题检查表",并及时上报。对于重大的安全问题安全检查人员必须做好危险防护,并设定危险标志。

3.安全问题检查小组负责汇总检查出的安全问题,形成整改方案,且对整改情况进行跟踪考核。

第4章 安全检查问题处理实施

第15条 问题处理

1.班组长应判断安全检查中暴露出的问题大小,对问题进行分级,等级低的小问题在检查中可立即处理,等级高的大问题应形成问题处理方案。

2.问题处理方案应包括步骤、方法、工具、预算、整改期限、第一责任人等内容。

第16条 控制与监督

1.安全问题无小事,应明确每个检查中暴露出的安全问题的第一责任人、第二责任人、监督人,对问题的复发进行控制,巩固安全检查的成果。

2.定期与×××班组进行交叉检查工作,形成强效有力的互相监督控制机制。

第17条 奖惩管理

1.安全检查发现重大安全问题,为企业减少经济损失的,每人现金奖励＿＿＿元,并授予荣誉称号。

2.因安全检查不到位,为企业造成严重经济损失的,安全问题检查小组检查人员需处以现金罚款＿＿＿元,并根据实际情况处以相关处罚。

3.安全问题检查小组检查人员对查出安全问题瞒报或不报的,根据危险情况的严重程度给予相关处罚。

4.因玩忽职守、不认真检查,造成企业经济损失的,安全问题检查小组检查人员需处以现金罚款＿＿＿元,并根据实际情况处以相关处罚。

5.安全检查奖惩由车间主任实施,班组长无权力实施。

第5章 附则

第18条 编制单位

本办法由×××车间×××班组负责编制、解释与修订。

第 19 条　编制依据

本办法参照《安全管理制度》《车间生产作业安全管理制度》《车间生产作业安全管理办法》制定。

第 20 条　生效时间

本办法自××××年××月××日起生效。

编制日期		审核日期		批准日期	
修改标记		修改处数		修改日期	

6.4

▶▶

安全事故预防与处理

安全事故具备破坏性、突发性、过失性等特征，一旦爆发安全事故，首先是人受到侵害，其次是企业发展受到损伤，最终威胁到社会的稳定和经济的发展，班组是大多数企业安全事故的源头，也是实施安全事故预防措施的起点。

6.4.1　安全事故预防

大多数的班组安全事故是由班组员工错误操作设备导致的，因此，要围绕人和设备这两个核心要素，进行班组安全事故预防措施的制定。

班组安全事故预防措施如图 6-5 所示。

1	班组长必须根据专业人员的建议和设备使用说明书制定每台设备的使用、维护、检修三大规程，并严格按规程的规定执行
2	班组长必须对操作设备的班组员工进行培训，使其熟知设备的特性和掌握操作要领，考试合格持证上岗
3	班组长应在每次开工前对员工进行教育，指出安全事故的危害，使员工克服形式主义、侥幸心理的麻痹思想，树立安全意识
4	班组长定期组织班组员工检查各类安全保护装置，维护各项监测仪器仪表，认真开展检修工作，确保设备正常运行。
5	班组长组织班组员工对新引进的各类设备进行全方面的检查，找出设备的问题，向车间主任汇报，车间主任处理结果未出来之前严禁使用问题设备

图 6-5　班组安全事故预防措施

6.4.2 安全事故处理

安全事故的破坏性很强，这就要求班组长必须严格按照安全事故处理办法对班组进行安全管理，通过办法的形式来指导班组进行安全事故的处理工作，使班组员工应对每个安全事故的工作都有据可依，有利于防止二次事故，有利于提高安全事故处理的效率。

以下是安全事故处理办法，供参考。

办法名称	安全事故处理办法		受控状态	
			编　　号	
执行班组		监督部门		编修部门	

第1章　总则

第1条　目的

为了指导班组长和班组员工处理班组生产作业中的安全事故，加大安全生产作业力度，提高安全事故处理的透明度，预防事故再发生，特制定本办法。

第2条　适用范围

本办法适用于班组生产作业过程中的安全事故处理工作的管理。

第3条　职责分工

1.班组长负责安全事故急救流程、方案的制定、安全事故报告的编制、安全事故调查工作的实施。

2.班组员工负责协助班组长和上级部门开展处理安全事故的工作。

第2章　安全事故处理

第4条　抢救伤员，报告上级

1.事故发生后，现场人员不要惊慌失措，应立即抢救伤员并报告上级领导，防止事故进一步扩大。

2.救护过程中要严格执行有关救护规范，严禁出现救护过程中的违章指挥和冒险作业，避免救护中的伤亡和财产损失。

3.迅速拨打120急救电话、110报警电话，若事故现场存在坍塌、爆炸、火灾等危险现象，应拨打119报警电话。

第5条　保护现场和重要证据

1.现场班组员工应做好现场和重要证据的保护，任何人不得破坏事故现场、毁坏有关证据。

2.因事故抢救、防止事故扩大需要移动事故现场物件时，应当做出标识、照相记录。

第6条　通知安全管理部门

现场班组员工应尽快通知企业安全管理部门，并向安全管理部汇报下列信息。

1.事故发生的时间、地点及事故现场情况。

2.事故的简要经过、伤亡人数(包括下落不明的人数)。

3.事故的直接原因。

4.事故发生后采取的紧急措施。

5.事故发生所在车间及负责人。

第7条　初步分析

1.班组员工协助安全管理部门对于现场事故进行初步分析,根据人员伤亡情况确定事故级别。

2.特别重大事故,是造成30人以上死亡,或者100人以上重伤(包括急性工业中毒,下同),或者1亿元以上直接经济损失的事故。

3.重大事故,是造成10人以上30人以下死亡,或者50人以上100人以下重伤,或者5 000万元以上1亿元以下直接经济损失的事故。

4.较大事故,是造成3人以上10人以下死亡,或者10人以上50人以下重伤,或者1 000万元以上5 000万元以下直接经济损失的事故。

5.一般事故,是造成3人以下死亡,或者10人以下重伤,或者1 000万元以下直接经济损失的事故。

6.本条款所称"以上"包括本数,所称"以下"不包括本数。

7.对于发生人员伤亡的事故,班组员工应协助安全管理部门立即向安全管理委员会进行汇报,并上报政府管理部门。

第8条　调查事故现场

1.班组员工根据安全管理委员会批示,协助安全管理部门进行事故调查。

2.班组员工应协助安全管理部通过现场勘查、调查询问、查阅记录等方式收集事故有关材料,具体包括以下6项。

(1)事故现场示意图或照片。

(2)相关设备、工具、材料等技术资料。

(3)工艺安全操作规程。

(4)工艺安全技术交底,班组班前安全活动记录。

(5)人证资料。

(6)与事故有关的其他资料。

3.对于有人员伤亡的安全事故,由安全管理委员会协助政府管理部门进行事故调查取证。

第9条　分析事故原因及责任

班组长应组织班组员工配合安全管理部工作人员,可通过多方调查,调取监控、查验现场设备的第一责任人、监督人员和维修状态,听取事故在场人员的描述,最后分析事故原因和责任。

第10条　召开安全事故研究会议

1.安全管理部组织召开安全事故研究会议。

2.会议参加人员包括安全管理委员会、生产部门与政府管理部门相关人员。

3.安全事故研究会议主要任务为制定事故处理方案与整改办法。

第11条　实施处理方案及整改措施

班组长应和车间主任协助安全管理部制定安全事故处理方案及整改措施,经安全管理委员会审核,政府管理部门批准后,由安全管理部组织实施,生产部门相关人员配合执行。

第12条　安全事故危机公关

1.班组员工应配合企业公关部门的工作,禁止在互联网上散播事故现场的照片,禁止造谣事故现场的信息。

2.班组长应做好班组员工的慰问工作,关心受伤、受到惊吓的员工。

第13条　编制安全事故报告

1.由安全管理部编制安全事故报告,班组长和班组员工协助报告的编制。

2.事故报告的内容应包括以下6点。

(1)事故经过。

(2)事故损失。

(3)事故原因。

(4)事故教训及防范措施。

(5)事故责任分析及处理。

(6)医疗单据及警示牌。

第14条　事故通报,报告存档

1.由安全管理委员会在安全生产会议上向生产部门全体人员通报事故情况,以杜绝类似问题的重复发生。

2.安全事故报告经安全管理委员会审核后,由安全管理部门归档保存。

第15条　班组内部事故总结

班组长应召开班组内部的安全事故总结会议,指出事故发生的根源,以及杜绝此类事故发生的措施,提高班组员工的安全意识。

第3章　附则

第16条　编制单位

本办法由×××车间×××班组负责编制、解释与修订。

第17条　编制依据

本办法参考《中华人民共和国安全生产法》《生产安全事故报告和调查处理条例》等法规制定及企业的《安全生产作业管理制度》等文件制定。

第18条　生效时间

本办法自××××年××月××日起生效。

编制日期		审核日期		批准日期	
修改标记		修改处数		修改日期	

第 7 章

班组成本与费用管控

7.1

班组成本管理要点

产品的生产成本占据了总成本的很大比例，而班组又是与产品生产成本关系最为密切的单位，班组长明确班组成本的构成、做好班组生产作业统计工作，有利于从生产的源头做好成本管理，增加产量，节省支出，加强经济核算，提高企业总体的成本管理水平。

7.1.1 确定班组成本构成

直接材料、直接人工和制造费用是班组生产成本的主要构成部分，班组长只有明确了它们的具体内容，才能在班组生产管理工作中做好成本管理工作。

班组生产成本的构成如表 7-1 所示。

表 7-1 班组生产成本的构成

构成要素	详细描述
直接材料	直接材料是指企业在生产作业过程中直接耗用的,并构成产品实体的原料、主要材料及辅料等成本
直接人工	直接人工是指企业直接从事产品生产的班组生产员工的工资
制造费用	制造费用是指在生产中发生的不能归入上述两个成本项目的其他成本费用支出。班组的制造费用主要是班组长工资,员工福利费,生产厂房、机器设备等的折旧费,设备租赁费(不含融资租赁费),修理费,机物料消耗,低值易耗品摊销,水电费,办公费,差旅费,运输费,保险费,设计制图费,试验检验费,劳动保护费,季节性或修理期间的停工损失和其他制造费用等

7.1.2 做好班组生产作业统计

班组生产作业统计是班组长对生产中各阶段产品、零部件投入、流转、出产以及作业完工情况等生产活动的动态数据进行收集，然后整理、汇总和分析的一系列活动。

合理规避统计数据不准确、资料不完整、分析不正确、上报不及时等常见问题，做好班组生产作业统计工作，有利于部门间互通情报，实现更加精细化的成本控制。班组生产作业统计的内容如表 7-2 所示。

表 7-2　班组生产作业统计的内容

内容名称	详细描述
库存在制品统计	对在制品、半成品出入库和库存量以及在制品资金占用量的统计和分析
生产进度统计	对班组产品、零部件生产过程各工序的投入期、投入数量、出产日期、出产数量以及发生的废品数量、返修品数量的统计及分析
生产作业计划完成情况统计	产品和零部件的完工统计,各单位和个人完成计划任务和工作量的统计

7.2
班组成本控制

班组长在组织生产的过程中,以成本控制为导向,在保质保量和安全生产的前提下,分析影响成本的因素,发现成本控制的薄弱环节,采取预防、调节和监督的措施,促进企业改善经营管理和转变经营机制,有利于在复杂的竞争环境中实现发展和壮大的目标。

7.2.1　直接材料成本控制

直接材料是指企业在生产产品过程中所消耗的直接用于产品生产并构成产品实体的原料、主要材料、外购半成品,以及有助于产品形成的辅料以及其他直接材料。直接材料成本是指直接用于产品生产的材料成本,它包括标准用量和标准单位成本两方面。

在生产过程中,直接材料的价值一次全部转移到新生产的产品中去,构成了产品成本的重要组成部分。尤其是在制造业中,直接材料费用一般可占总成本比重的60%～90%,是成本控制的主要对象。因此,班组长组织做好直接材料成本控制工作的意义重大。

直接材料成本控制的关键点如图7-1所示。

7.2.2　辅料成本控制

辅料是指直接用于生产,在生产中起辅助作用,不构成产品主要实体的各种材料。如染料、催化剂、润滑油、防锈剂等,辅料的成本控制痛点主要是如何避

1 定额控制	班组长根据物料定额定员对本班组物料的使用要求，制订科学的直接材料领用和使用计划，将总定额分配到每个班组员工头上
2 管理控制	严格班组直接材料现场管理，制订直接材料现场管理规范，严禁将直接材料与生产废料混合堆放，防止直接材料的损毁和遗失
3 质量控制	从降低标准单位成本出发，对比同类型不同材质的材料的价格，在不影响成品总体质量的情况下，向采购部提建议，采购价格更低的材料
4 监督控制	班组长对班组员工的生产作业进行监督，重点监督直接材料的使用情况，鼓励员工间互相监督
5 绩效考核	将产品合格率、直接材料定额使用、直接材料现场管理纳入绩效考核，奖励节约直接材料的行为

图 7-1　直接材料成本控制的关键点

免班组员工在生产中对辅料的浪费现象。

班组长在实施班组成本控制的工作中，不可轻视辅料成本的控制工作，要以身作则，明确辅料成本的控制要点，制定标准化、制度化、精细化的辅料管理方案，把节省辅料纳入绩效考核，惩治浪费辅料行为。

辅料成本控制的关键点如图 7-2 所示。

 关键点1　根据产品特点与影响确定辅料的因素，选取不同的方法合理确定辅料的需求量和消耗定额

 关键点2　对比各种辅料的价格，听取班组员工的意见，向采购部提意见，控制辅料和特殊材料的采购价格

 关键点3　指定专人负责辅料的领用、保管、发放及统计工作，班组长做好监督工作，不定期抽查辅料的管理工作

 关键点4　根据班组员工的实际工作内容和工作量，规定辅料的每人消耗定额，避免浪费，打击违规堆放辅料与偷窃辅料的现象

 关键点5　将辅料纳入质量改进工作，改进辅料的材质、配比方式、使用方式等，减少辅料的消耗量

图 7-2　辅料成本控制的关键点

7.2.3 人工成本控制

人工成本包括职工工资总额，社会保险费用，职工的福利、教育、劳动保护、住房等费用。其中，职工工资总额是人工成本的主要组成部分。职工工资总额指各单位在一定时期内，以货币或实物形式直接支付给本单位全部职工的劳动报酬总额。

工时定额和标准工资率是计算职工工资总额的重要参考依据，班组长是最了解班组生产作业中的工时定额和标准工资率的人，生产技术部和人力资源部设定的工时定额和标准工资率往往存在过度理论化的现象，与班组实际生产作业中的实际工时定额和标准工资率存在偏差。

因此，班组长要根据班组生产的实际情况，在保质保量的前提下，围绕优化生产流程、优化班组员工数量，提高生产效率，以缩短工时定额为目标，找出控制人工成本的方法，供上级部门设计更加合理的工时定额和标准工资率，以形成科学的工资总额。

人工成本控制方法如图 7-3 所示。

1	改善设备布局，优化作业程序，减少作业等待和操作停止等情况
2	观察班组员工工资状态，听取熟练工的建议，科学判断，向上级申请减少额定工时
3	观察生产情况，若该产品的生产操作比较容易，向上级提出降低标准工资率的建议
4	科学分配生产作业任务，拟订生产日程和预计进度，让员工产生紧迫感，消除懈怠心理
5	优化班组员工数量，优化消极工作、不肯学习、操作不熟练的员工

图 7-3　人工成本控制方法

7.2.4 质量成本控制

质量成本是指将产品实际质量保持在规定的质量水平上所需的有关费用，它是企业生产总成本的一个组成部分，与班组生产作业的关系最为密切，班组长应明确质量成本的构成要素，找出控制质量成本的方法，为质量成本控制工作贡献自己的一份力量。

质量成本控制方法如图 7-4 所示。

1	监督班组员工的生产作业行为，发现随意投掷半成品、成品的行为，立即制止，并进行惩罚，鼓励员工匿名举报此类行为，避免人为损害产品的行为
2	把良品率纳入绩效考核中，扣发良品率低的员工奖金，找出其良品率低的原因，奖励良品率高的员工，设置排行榜，张贴在宣传栏，在物质和精神上鼓励员工规范作业行为，提高良品率
3	在日常生产作业中，观察产品生产的全流程，改善容易发生产品磕碰的环节，听取班组员工关于保护产品的建议
4	鼓励员工之间互相分享生产作业的技术、经验、心得，鼓励师徒制，对喜欢带徒弟的老员工进行物质奖励，在日常的生产中无形降低培训费用
5	班组成员群策群力，齐心协力对残次品进行改造、修复，使其达到规定的质量要求，降低废品损失费用、返修损失费用、复试复验费用和处理质量缺陷费用

图 7-4　质量成本控制方法

7.2.5　工具损耗控制

班组是各种生产作业工具的使用单位，工具损耗的费用不可小觑。导致工具损耗的因素通常有班组员工的浪费使用、不规范使用、不规范归还、不规范放置导致的遗失。班组长应针对这些现象，找出工具损耗的控制方法。

工具损耗的控制方法如图 7-5 所示。

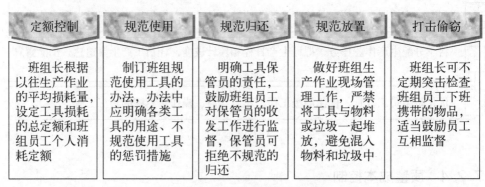

定额控制	规范使用	规范归还	规范放置	打击偷窃
班组长根据以往生产作业的平均损耗量，设定工具损耗的总定额和班组员工个人消耗定额	制订班组规范使用工具的办法，办法中应明确各类工具的用途、不规范使用工具的惩罚措施	明确工具保管员的责任，鼓励班组员工对保管员的收发工作进行监督，保管员可拒绝不规范的归还	做好班组生产作业现场管理工作，严禁将工具与物料或垃圾一起堆放，避免混入物料和垃圾中	班组长可不定期突击检查班组员工下班携带的物品，适当鼓励员工互相监督

图 7-5　工具损耗的控制方法

7.2.6　能源消耗控制

能源消耗包括燃料消耗和外购动力消耗。燃料消耗指企业为生产产品而从外部购入的各种燃料，包括汽油、煤、柴油等。外购动力指企业为生产产品而从外部购入的各种动力，包括热力、电力和蒸汽等。

班组是能源消耗最直接的单位，班组长应总结出控制能源消耗的方法，为班组整体的成本控制贡献力量。班组能源消耗的控制方法如图7-6所示。

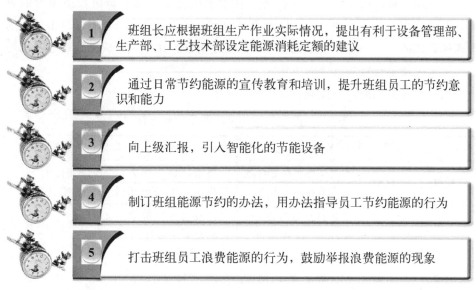

图 7-6　能源消耗的控制方法

7.2.7　劳保用品控制

劳保用品是指保护劳动者在生产过程中的人身安全与健康所必备的一种防御性装备。班组是劳保用品的主要使用单位，班组长应在不影响员工生命安全的前提下，制定控制劳保用品消耗的方法，有利于实现班组整体的成本管理，降低产品总成本，提高市场竞争力。

劳保用品的控制方法如图7-7所示。

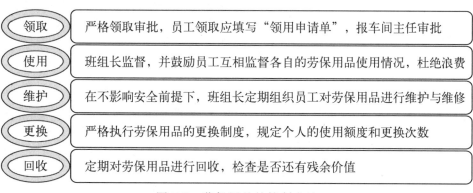

图 7-7　劳保用品的控制方法

7.2.8 现场改善控制

如何调动班组员工参与现场改善工作的积极性，是每个班组长该思考的事情，有效的现场改善有利于提高班组生产效率，从而降低生产成本，班组长应明确现场管理的常见问题，制定现场改善的控制方法，用约定俗成的控制方法调动班组员工主动参与现场改善的工作。

现场管理常见问题及控制方法如表 7-3 所示。

表 7-3　现场管理常见问题及控制方法

小组名称	区域名称	检查问题描述	控制方法	控制时间
质检组	12 区域	员工将水杯等物品随意放在质检台上	要求区域负责人设立杂物摆放区，张贴标识	6 月 11 日～长期
操作组	4 号生产线	物料摆放零乱，现场标识与实物不符	以开会形式要求员工杜绝此类现象	6 月 12 日
技术组	1 号实验室	废弃图纸和有效图纸混乱堆放，图纸命名不规范	增设碎纸机处理废弃图纸，严格规范并使用有效图纸的命名	6 月 15 日
检修组	工具库房	各类维修工具布满污垢，随地乱放	用《车间维修工具管理制度》管人，用《维修工具管理流程》管事	6 月 14 日～长期
安全组	2 号电梯口	消防箱里有一个灭火器没压力	定期排查消防设施，更换失效设备	6 月 12 日开始，每周一次

第 8 章

班组团队建设与人员管理

班组员工管理

班组长根据企业战略和业务发展，紧密配合工厂的生产计划，对班组员工进行精细化管理，做好班组员工的定岗定员、出勤管理、轮岗与补员、培训工作，实现人、岗、事三者之间合理配置，是提高班组劳动生产效率的根本手段。

8.1.1 班组定岗定员

定岗定员是企业基本的岗位分析工作。定岗定员可以明确班组的劳动力质量要求和数量要求，可以回答班组作业中的基础问题，例如：需要什么人？应该用什么人？要用多少人？班组长做好定岗定员可以保障生产班组整体工作的畅通。

（1）班组定岗

班组长应该把握好企业战略目标，层层分解，确定该班组的权责。班组中人员的配备应以"精简高效、工作饱和"为原则，保证工作的高效产出，还应该参考行业定员标准，力求符合工作实际。确定各个岗位的工作内容和要求，明确工作任务的分配，就是定岗的过程。

常见的班组岗位设置情况如表8-1所示。

表 8-1　常见的班组岗位设置情况

岗位类别	工作内容和简介	职位示例
一线生产班组员工	① 完成生产计划：遵守车间规约，履约生产计划 ② 物料管理：做好生产准备工作，保证物料充分利用，提高生产效能 ③ 技术保障：遵守生产技术的流程规范，对工作流程的改进提出合理建议 ④ 设备管理：合理使用生产设备，提高安全率	生产员，技术员，物料员，设备员
辅助生产班组员工	① 安全管理：开展排除安全隐患的相关工作，确保安全方案的实施评估，降低事故发生的可能性 ② 事故处理：参与事故调查，追溯事故原因并加以分析，按时完成事故调查报告，落实整改方案 ③ 日常巡检：巡检工作现场，督查安全制度履行情况，纠正违规行为，保证防护用品的使用规范	安全员，事故员

（2）班组定员

在明确班组需要的岗位后，确定各个岗位所有需要的员工数量是定员的过程。班组长只有知道哪个岗位应该用哪种人、用多少人才能合理地完成人员的配备，提高人力效率，实现劳动力的供需平衡。

班组常用的定员方法如表 8-2 所示。

表 8-2　班组常用的定员方法

方法类别	方法简介	操作步骤
工作日写实法	对于以"劳动定额"为标准的班组，可以采用"工作日写实法"来调查工作饱和度和各项工作时间，达到科学、精简、高效的目标	① 确定写实岗位和对象：熟悉现有岗位工作流程后，确定有价值的写实岗位。保证写实对象是"标准工人"，是在岗位的技术熟练的班组员工 ② 准备技术工作：设计《工作日写实表》 ③ 统计分析工作：形成写实岗位的工时利用分析表
设备定员法	对于使用大型设备生产的工作人员，可以按照仪器的类别或平均每台设备所需要的人数，以设备使用的时间为准，来设计定员的标准	计算公式： 班组员工数量＝（设备数×单机定员标准×班次）/出勤率

8.1.2　班组员工出勤管理

制度化、精细化的考勤管理是减少劳动争议的重要保障，是核算班组员工工资的重要基础。明确出勤管理制度，让班组员工明白如何记录考勤、怎样才算有效考勤以及考勤管理的规则，才能做好班组员工考勤管理。

以下是班组员工出勤管理制度，供参考。

制度名称	班组员工出勤管理制度		受控状态	
			编　　号	
执行班组		监督部门	编修班组	

第 1 章　总则

第 1 条　目的

为加强班组内部管理，规范劳动纪律、工作秩序和考勤工作，保障班组员工的日常管理、绩效考核、薪酬计算，根据班组的实际情况，特制定本制度。

第 2 条　适用范围

本制度适用于×××班组的出勤管理。

第 3 条　职责划分

考勤数据以班组考勤员日常记录的数据为准，由班组长汇总。

班组考勤员要准确掌握每日班组出、缺勤人数,准确记载迟到、早退、外出时间和有、无薪假的情况,管好假条和考勤簿。

班组长要收集好考勤卡片,核对销假凭证,做好考勤统计,每月5号前报生产部。对去往其他班组员工的出勤情况,每月2号前通知其他班组。

第2章 作息时间、考勤期间及形式

第4条 岗位工作时间规定

实行一周五天工作制,工作日为周一到周五,周六、周日及法定假日正常休息。

每个工作日实行倒班制度,分早班、中班、晚班三个班次。班组员工工作班次遵照班组长的排班安排。

1. 早班时间为8:30~17:30,12:00~13:00为休息时间。

2. 中班时间为12:00~21:00,16:00~17:00为休息时间。

3. 晚班时间为15:00~24:00,19:00~20:00为休息时间。

第5条 轮岗岗位的工作安排

轮班、轮休岗位的工作时间为每周工作40小时,每天工作8小时,按每月值班轮休表严格执行,临时变化须及时报人力资源部备案。

第6条 考勤期间

以自然月为考勤期间,每月工资及福利、补助的核算、考核等均以自然月为准。

第7条 考勤形式

实行上下班打卡制度,每日上班及下班时均应填写出勤记录卡或在工作车间使用指纹机及时打卡。

第3章 打卡的规定

第8条 打卡

班组员工上下班必须打卡,因故未及时打卡的,必须及时在当月的个人考勤登记处"备注"原因,并向人力资源部处记录。因网络或电力原因造成无法打卡的,以信息管理处的维修记录为准。

第9条 代替打卡

严禁代替他人打卡,对于代打卡班组员工,一经发现,一次扣发当事人300元。

第4章 迟到、早退的规定

第10条 迟到

超过规定上班时间未到岗者,视为迟到。

每月累计不超过3次(含)迟到者,不予处罚,超过3次(每次10分钟内)的,每次扣罚10元。

迟到10分钟以上20分钟以内的,每次扣罚15元。

迟到20分钟以上30分钟以内的,每次扣罚30元。

迟到30分钟以上60分钟以内的,每次扣罚50元。

迟到60分钟以上的,按旷工处理,即扣除当日工资。

每季度累计超过5次的(不含),每超1次追加扣罚50元。

第11条 早退

早于规定下班时间提前离岗者,视为早退。

早退10分钟以内的,每次扣罚10元。

早退 10 分钟以上 20 分钟以内的,每次扣罚 20 元。

早退 20 分钟以上 30 分钟以内的,每次扣罚 30 元。

早退 30 分钟以上 60 分钟以内的,每次扣罚 50 元。

早退 60 分钟以上的,按旷工处理,即扣除当日工资。

第 5 章　各类假期的管理规定

第 12 条　事假

班组员工请事假当日不发工资,零星事假当月积累,不足 8 小时的不计算。

第 13 条　工伤假

按医生诊断书处理。工伤的班组员工上班工作,需出示由医院开具的健康证明。工伤假当日工资正常计算。

第 14 条　病假

班组员工请病假者,需要出示由医院开具的诊断证明,当日工资正常发放,工资金额为每日工资的 40%。

第 15 条　婚假

男女班组员工结婚,给假 3 天。去对方工作地结婚,外加往返路程天数。

第 16 条　丧假

班组员工的父母、配偶、子女,或直接抚养的旁系亲属死亡时,给 3 天以内丧假。如在外地,另加往返路程天数(必须提出证明)。

第 17 条　产假

1. 女班组员工的产假为 98 天,难产增加假期 15 天,生育多胞胎的,每多生育一个婴儿,产假增加 15 天。

2. 流产,怀孕未满 4 个月流产的享受产假 15 天,怀孕 4 个月及以上流产的享受产假 42 天。

3. 女班组员工在婴儿未满一周岁之前,享有授乳时间,每天两次,每次 30 分钟,也可两次时间合并使用。

第 18 条　探亲假

连续工作满一年的正式班组员工,已婚但同爱人不住在一起的,未婚但同父母不住在一起的,均可享受探亲假。探亲假为 5 天。在外地,另加往返路程天数(必须提出证明)。

第 19 条　无论何种原因的请假,请假时间超过 5 天(含)的,或连着法定假日请假的,或年度内累计事假已达 4 天(含 4 天)的,均需要本人亲自到人力资源部办理请假手续,在企业微信进行请假登记,此外,还需填写《班组员工请假申请审批单》,并做好工作交接。

第 20 条　旷工

以下 4 种情况按旷工计:

1. 未履行请假手续而不到岗工作的;

2. 请假未经同意或未收到短信、微信请假回复,而不到岗工作的;

3. 假满未经续假同意而擅自不到职的。

4. 当天早上请假的,除非去医院有医生开具的证明,一律按照旷工计,至少计算 1 天。

每旷工 1 天(不足 1 天按 1 天计)扣发 2 天薪水,扣款额=(当月工资总额÷当月自然工作天数×旷工天数)×2;无故连续旷工 3 天或全月累计无故旷工 6 天或一年旷工达 12

天者,予以解雇,不发给资遣费。

第 6 章　附则

第 21 条　编制单位

本制度由×××班组负责编制、解释与修订。

第 22 条　生效时间

本制度自××××年××月××日起生效。

编制日期		审核日期		批准日期	
修改标记		修改处数		修改日期	

8.1.3　班组员工轮岗与补员

生产班组是企业生产工作的一线执行单位,是企业生产的中坚力量。而班组员工作为班组的主要工作人员,在执行生产工作中是不可或缺的。因此,安排好班组员工轮岗和补员的工作,是做好班组员工的人员配备工作的重要保障。

（1）班组员工轮岗方法

班组长做好班组员工的轮岗管理,有利于培养班组员工横向综合能力。班组长需定期安排班组员工去往不同于常规的岗位进行学习,打破过往重复的工作程序,这样可以增加班组员工对生产工作的新鲜感,提高趣味性,激发员工工作潜力。

班组员工的轮岗方法如图 8-1 所示。

组间轮岗
- 内容：同一生产车间中，A班组的员工到B班组轮岗
- 适用范围：从事同一专业、技术种类的要求相同并且使用设备不同
- 优点：了解不同班组特点，提高对团队协作的理解，班组缺员时方便补位

组内轮岗
- 内容：在同一生产班组中，班组员工A轮岗到不同的岗位
- 适用范围：在同一生产班组，不同的技术种类
- 优点：利于班组员工的相互熟悉，搭建具有学习氛围的班组，熟悉流程

车间轮岗
- 内容：在同一专业车间之间进行轮岗
- 适用范围：同一专业，车间与班组是上下级对应关系
- 优点：扩展视野，站在上游部门分析现场工作，有利于促进业务流程创新，有利于班组员工个人发展，在管理技能和专业技术方面有所提高

图 8-1　班组员工的轮岗方法

（2）班组员工补员方法

班组长在面临当今社会常见的用工难、招工难的问题时，可以从内部渠道或外部渠道进行补员。班组长要做好班组补员相关工作，这样有利于生产计划的如期进行。

班组员工补员方法如图8-2所示。

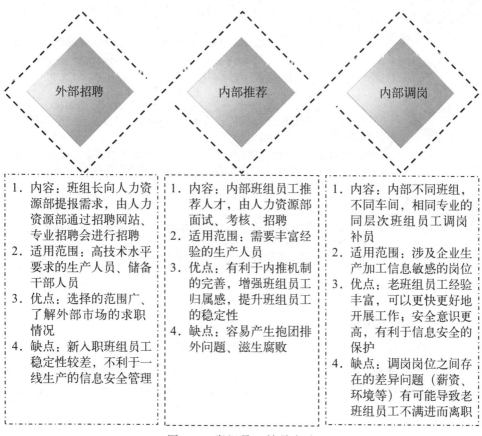

图 8-2　班组员工补员方法

8.1.4　班组员工培训

班组长对班组员工的培训工作安排可以从培训的过程节点入手。培训前可以从掌握班组员工的培训方法、了解培训的成本并学会编制培训费用预算等方面开展工作。班组长应在每次培训后对培训的效果进行评估。

（1）班组员工培训方法

班组长可以通过对班组员工的培训打造高素质的生产人才，提高生产的质量和数量，增强班组员工对企业的认同感，增加企业的竞争力。

适用于生产型企业的班组员工培训方法如图 8-3 所示。

内部
讲授法

1. 内容：由企业人力资源部专业的培训讲师或者资深的骨干技术人员对班组员工进行培训
2. 适用范围：专业理论知识培训；企业文化培训；企业制度培训
3. 优点：简单易行，快捷的多人培训
4. 缺点：脱产培训，对企业的生产计划有一定影响，需要做好工作时间的协调

操作
示范法

1. 内容：由工厂专业的技术人员或者业务骨干进行培训，在作业现场进行工作操作理论、程序、技术规范的讲解和演示
2. 适用范围：训练专业技能、提高实操技术
3. 优点：形式容易接受，较直观；培训时间短，效果明显
4. 缺点：培训时需要实际操作的作业环境，对设备的安全运行有一定影响，培训成本较高

模拟仿真
训练法

1. 内容：搭建模拟工作环境，让培训者置身于实操中，通过反复的演练为高技术水平打下基础
2. 适用范围：高技术水平班组员工的进阶培训；高度的操作技能熟练度；对工作操作反应的高度灵敏度
3. 优点：培训效果直观，培训内容全面，有利于高水平技术班组员工的培育，提高生产效率
4. 缺点：需要搭建模拟实验室，成本较高

图 8-3　班组员工培训方法

（2）培训费用预算

① 费用的构成。企业的生产是讲究效益的，整体把握培训费用的构成，有利于班组长培养成本意识、增强管理能力。班组长对培训费用的把握可以从整体出发，根据频率不同，将培训费用分为一次性成本费用和每次成本费用，再具体到各子项目。

班组员工培训费用预算的构成如表 8-3 所示。

表 8-3　班组员工培训费用预算的构成

费用类型	费用项目	说明
一次性成本	培训固定资产费用	培训场地费、培训教材教具费
每次成本	培训讲师费	培训讲师工资及其交通费、食宿费
	受训成本费	脱产培训人员的工资成本、交通费、食宿费
	设备租赁费	外部租借培训场所和设备的费用

② 编制培训费用预算的步骤。培训费用的编制过程是控制培训成本的关键，班组长编制培训费用预算的步骤是从明确给班组员工培训的是什么、有多少员工参加以及如何开展培训工作开始的，再到入手逐项列出培训项目的费用，最后总结成培训预算表。

编制培训费用预算的步骤如图 8-4 所示。

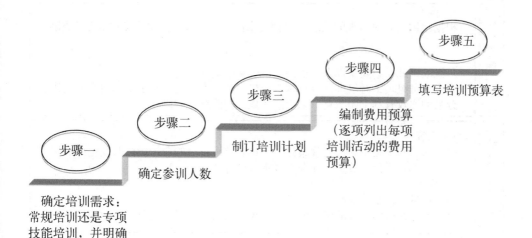

图 8-4　编制培训费用预算的步骤

③ 填写培训预算表。班组员工培训预算构成如表 8-4 所示。

表 8-4　班组员工培训预算构成表

培训类别	培训内容	参训人数	每次培训费用支出							总费用
			场地	食宿	差旅	教材	教具	授课费	参训班组人员工资	
常规培训										

（3）培训效果评估

班组员工的三种培训效果评估方法如图 8-5 所示。

问卷调查法	1. 内容 围绕培训内容的有效性、培训讲师的授课水平、培训设施的完善程度、受训人员的收益等主题设计问卷，可以采取5分评价法（极好、很好、好、一般、差） 2. 优点 容易操作，有利于分析和总结
笔试	1. 内容 根据培训内容对培训的原理、培训技术内容、培训技能操作流程等制定测试试题 2. 优点 可以准确地了解到受训人员培训之后效果的提升程度 有利于班组员工对培训内容及时进行检查和复习，更有利于培训内容的内化 分数的比较有利于团队竞争氛围的形成，团队标杆的确立
绩效考核法	1. 内容 受训人员的上级主管通过观察评估受训者培训过后的业绩指标的变化评价培训效果。比如：质量、数量、安全、成本利润等 2. 优点 数据可量化，令人信服 可以使上级管理人员准确了解培训效果，监督培训对班组员工绩效的提升

图 8-5　班组员工培训效果评估方法

8.2

五型班组建设

　　五型班组的建设是全国总工会的要求，班组长做好五型班组建设有利于建设高效率和高凝聚力的班组团队。班组长应该了解建设五型班组的标准、建设五型班组文化的方案以及建设五型班组团队的办法。

8.2.1　五型班组标准建设策划

　　五型班组的标准建设策划是指了解五型班组的建设标准和参考标准可以做的具体内容。班组长明确五型班组的标准内容有利于找到建设团队的方向，作为指挥棒准确推动班组的发展。

　　（1）五型班组的建设标准

　　五型班组是指具备学习导向，安全管理，清洁意识，和谐共处和节约成本这五个维度班组的合称。建设五型班组需要达到的各个维度的标准说明如表 8-5 所示。

表 8-5 五型班组标准说明表

五型	标准说明
学习型	明确的学习目标；合适的学习场所；丰富的学习形式；有效的学习激励机制
安全型	倡导安全意识；规范安全方案；完善的安全培训计划；完备的安全设施和安全工具
清洁型	清晰的清洁指标；严格执行的清洁惩处制度；完备的班组员工健康体质制度
和谐型	正能量的文化宣传；形式多样的思想政治工作；关注班组员工的个人情绪；建设模范班组
节约型	明确的节约指标；可执行的节约流程；节约导向的意识；现有资产材料的维护

（2）五型班组的建设内容

班组长应结合五型班组的具体建设内容，提高班组员工队伍基本素质，提升基层班组建设水平。

① 学习型班组建设内容。学习型班组建设主要是为了明确建设的方向和活动的载体，增加员工学习的趣味并且激励员工的行动。

学习型班组建设内容说明如表 8-6 所示。

表 8-6 学习型班组建设内容说明

序号	建设内容	作用
1	① 以了解经济社会发展趋势，熟悉班组目标和任务 ② 以提高业务技术水平，班组员工分享工作经验为中心	明确方向
2	① 活用工作场所，以工促学 ② 确定培训会议室，明确学习场所	活动载体
3	开展政治理论学习、技术学习研讨会、技能竞赛活动、知识问答活动、经典案例分享活动、技术比武、劳动竞赛等	增加趣味
4	① 建立个人及班组学习的激励、约束机制和管理制度 ② 将学习效果的评估纳入班组员工的绩效考核	激励行动

② 安全型班组建设内容。安全型班组建设主要是为了减少班组生产的安全隐患，使班组安全管理制度化，加强班组员工安全管理的意识以及完善管理班组安全的工具。

安全型班组建设内容说明如表 8-7 所示。

表 8-7　安全型班组建设内容说明

序号	建设内容	作用
1	① 确保班组员工规范地操作设备仪器 ② 保证班组员工的身心健康(杜绝带病、饮酒、疲惫工作)	减少隐患
2	① 完成安全工作计划、健全安全保障制度 ② 确定安全工作重点以及安全指标达标明细 ③ 明确安全工作人员的权责	制度化
3	定期宣传安全法规、对班组员工开展安全措施培训	加强意识
4	① 确保个人安全防护品的收发准确 ② 检测安全设施的使用情况 ③ 完善危险警告标志的张贴	管理工具

③ 节约型班组建设。节约型班组建设主要是为了量化班组节约管理的指标、规范班组节约管理、创造具有节约氛围的班组，以及明确班组节约成本的方法。

节约型班组建设内容说明如表 8-8 所示。

表 8-8　节约型班组建设内容说明

序号	建设内容	作用
1	确定资源综合利用指标和资源回收率	量化管理
2	鼓励班组员工提出合理化建议,分享节约经验,总结成可操作的节约工作规范	规范执行
3	① 开展成本核算培训,养成经营意识 ② 举办增产节约的劳动竞赛	创造节约氛围
4	① 努力盘活班组资产,修旧利旧 ② 提高设备、设施的利用率 ③ 做好生产资源的回收工作	控制材料成本

④ 清洁型班组建设。清洁型班组建设主要是为了量化班组清洁工作的管理、引导班组员工的清洁行为并且保证班组员工的健康。

清洁型班组建设内容说明如表 8-9 所示。

表 8-9　清洁型班组建设内容说明

序号	建设内容	作用
1	① 每日清洁工作环境,保证整洁有序 ② 每周清洁班组员工宿舍,保证干净卫生 ③ 坚持 5S 现场管理	量化管理
2	将清洁指标纳入班组员工的绩效管理考察	引导行为
3	① 严格执行班组员工健康体检制度,预防职业病发生 ② 按规定发配劳动保护用品,做好卫生防护工作	保证人员健康

⑤ 和谐型班组建设。班组员工遵章守纪,集体荣誉感强,关心爱护集体,服从领导,服从安排,组织纪律观念强,积极参加企业组织的集体活动,努力争创和维护班组荣誉,班组内充满乐观、健康、向上的良好氛围是和谐型班组建设的目标。

和谐型班组建设内容说明如表 8-10 所示。

表 8-10　和谐型班组建设内容说明表

序号	建设内容	作用
1	① 加强学风建设,深化中心组学习 ② 监督班组员工的学习笔记	深化思想
2	① 开展"创先争优"活动 ② 实施"送温暖"工程,促进班组员工的企业认同 ③ 开展"以一助一"活动,以优带劣,提高班组合作能力	多选择
3	① 以月或者周为单位与班组员工展开交流 ② 关注班组员工需求以及心理健康情况	保证班组员工的心理健康
4	关注表现优异的班组员工并提出表扬,鼓励班组其他班组员工学习	树立榜样

（3）五型班组的建设步骤

明确五型班组的建设步骤,有利于班组长高效地组织班组员工开展团队建设工作,实现增强团队凝聚力的目标。五型班组可通过健全机制、落实责任、突出重点、宣传工作、工作总结五个步骤进行建设。

五型班组的建设步骤如表 8-11 所示。

表 8-11　五型班组的建设步骤

序号	步骤	详细描述
1	健全机制	建立有效的学习激励机制、安全防护机制、资源节约机制、清洁机制，与班组员工规定绩效考评结合
2	落实责任	将节约任务、清洁任务、安全任务下发到不同专业的班组员工，实现岗责匹配
3	突出重点	明确五型班组建设的重点指标：安全指标、资源利用率指标、5S管理指标
4	宣传工作	定期召开班会及宣传会议，开展多样的活动鼓励班组员工参与
5	工作总结	在实施建设方案的过程中，实时反馈总结，吸取经验教训，完善方案

8.2.2　五型班组文化建设方案

班组长在掌握了五型班组的建设标准、建设内容和建设方法后，就要根据班组员工的实际情况制定出五型班组文化建设方案，并积极开展五型班组建设的相关工作，进一步打造五型班组。

以下是五型班组文化建设方案，供参考。

办法名称	五型班组文化建设方案		受控状态	
			编　　号	
执行班组		监督部门	编修部门	

一、目的

为了规范班组的文化建设，引导班组员工规范行为，增强班组员工的团队认同感和凝聚力，同时营造主动学习、安全工作、节约成本、清洁工作、和谐共处的班组文化氛围，促进班组更好发展，特定此方案。

二、指导思想

此次班组文化建设方案的制定坚持以人为本的观念，将个人和班组创造价值相结合，开发班组员工的潜力和提升其技术水平，以满足班组员工个人以及班组的发展需求，实现价值的提升，最终促进班组生产效益的不断提高。

三、基本原则

1.结合时代精神。树立现代企业经营理念。把握管理、安全、质量等理念，融入班组文化建设中。

2.结合企业战略。以思想为指导，以安全为基础，以制度为重点。

3.结合班组员工诉求。以人为本，实现共赢。

4. 结合实际情况。求真务实，从实际出发。

5. 采取激励手段。通过利益驱动机制，激发班组活力。

四、文化建设的办法

1. 团队讨论法。召开班组员工座谈会，共同展望愿景，确定班组目标，明确班组精神。

2. 制度管理法。完善规章制度，强化制度文化建设，制定《班组员工守则》规范班组员工行为，为班组员工的行为做指南针，建立信息共享制度和积分激励制度，量化考核制度。

3. 绩效管理法。将建设五型班组目标纳入班组员工的绩效目标，做好激励手段。

4. 培训学习法。开展相关活动、轮训、早会等。

5. 内部宣传法。企业文化活动、内部评选活动、班组长的大力宣传、班组长的实际践行。

6. 梳理标杆法。梳理典型，提供榜样，确定奋斗方向，发挥典型的示范作用。

五、文化建设的主要内容

五型班组文化的建设内容主要包括确定精神、打造形象、完善制度或措施、确定形式或活动四方面内容，下文将分别介绍不同类型的班组建设班组文化内容。

1. 创建学习型班组的主要内容

(1)精神。以实践为师、以同仁为师、以问题为师。

(2)形象。互动学习、分享学习、共同进步的班组。

(3)制度和措施。

① 建立《班组学习公约》达成学习共识。

② 搭建班组员工的信息分享平台，增强学习氛围。

③ 引入学习积分制度激励班组员工主动学习。

④ 配备小书橱、给成员赠书、订阅杂志等，推动班组成员学习。

(4)活动。辩论赛、文化墙、阅读分享活动、开展"学习型"班会，班组员工展示自己的成果，营造人人都学习的氛围。

2. 创建安全型班组的主要内容

(1)精神。安全第一，预防为主。

(2)形象。成为"零事故"班组。

(3)制度和措施。

① 每周组织一次安全活动日活动，让班组成员之间相互分享安全知识，统一安全认识。

② 在班组活动室，张贴标准化的安全操作海报以及把安全员的职责规范和成员照片打印上墙。

③ 班组长应规范安全记录的填写；对积极表现的班组员工进行及时奖励，做好案例分享。

④ 构建《班组安全档案》，记录每个班组员工遇到的安全问题以及解决办法。

(4)活动。每日案例分享活动、安全活动日。

3. 创建节约型班组的主要内容

(1)精神。节约成本、创造价值。

（2）形象。具有成本意识，力求成为降本提效的班组。

（3）制度和措施。

① 定制"四小"计划。定出小规矩，搞好小核算，解决小问题，征集小点子。

② 开展成本核算和操作行为规范相关培训。

（4）活动。"四小"竞赛活动。

4. 创建清洁型班组的主要内容

（1）精神。清洁发展、绿色共赢。

（2）形象。保持设备环境干净、生产无污染的班组。

（3）制度和措施。

① 开展节能减排活动。

② 倡导"班组为家，我爱我家"，让班组员工像爱护家园一样爱护班组环境。

③ 选举模范班组员工，确定卫生建设的标杆，鼓励班组员工积极学习。

④ 完善5S现场管理制度《车间5S管理》《5S考核办法》，让班组员工行为有章可依。

（4）活动。节能减排技能比武。

5. 创建和谐型班组的主要内容

（1）精神。团结、和谐、互助、快乐。

（2）形象。情理交融的班组员工之家。

（3）制度和措施。

① 搭建文化墙（体现班组的档案、形象、近期活动、项目内容）每月更新。

② 打造班组的统一徽章，共同佩戴。徽章代表班组成员的理想、愿景、口号。

③ 在班会活动中，不定时宣传《班组文化规范》，确保班组员工在思想方面不走歪路，纠正作风，培养良好的政治思想素养。

（4）活动。户外扩展活动、聚餐、交友。

六、文化建设的基本流程

1. 企业计划。明确建设班组文化的构成要素（班组精神、班组形象、班组管理制度和措施、班组文化活动）。

2. 集中建设。制定管理办法，完善激励措施，明确奖惩制度。

3. 监督检查。组间月度、季度、年度互评，班组员工相互监督。

4. 总结提升。以绩效考核结果为依据，进行复盘，及时改进。

编制日期		审核日期		批准日期	
修改标记		修改处数		修改日期	

8.2.3 五型班组团队建设办法

员工成为企业越来越重要的资源，班组长应制定五型班组团队建设的办法，用办法指导团队建设，增强班组员工的凝聚力，助力企业打好新时代人才保卫战。

以下是五型班组团队建设办法，供参考。

办法名称	五型班组团队建设办法		受控状态	
			编　号	
执行班组		监督部门	编修部门	

第1章　总则

第1条　目的

为了打造高绩效班组,提高企业班组的效能,规范班组的团队建设,实现有效管理,促进班组的转型发展,特制定本办法。

第2条　适用范围

本办法适用于建设五型班组团队的相关工作。

第3条　职责分工

1.车间主任负责并抽查五型班组建设情况。

2.班组长负责对所在班组的团队建设工作的实施及管控。

第2章　学习型班组团队建设

第4条　确立学习目标

在了解班组成员的个人基本情况以及需求的前提下,结合企业的生产计划、技术要求确定学习的内容,并与班组成员共同商讨确定班组的学习愿景。

第5条　制订学习计划

制订年度学习计划,明确学习内容,创新学习方法,规范学习记录。

第6条　开展学习活动

1.开展全员读书活动。每季度开展一次读书活动,企业班组员工积极分享,撰写读书心得。

2.在生产计划达标之余,企业班组员工参加各种活动,例如经验分享、政治理论学习、技术学习研讨会、技能竞赛活动、知识问答活动、经典案例分享活动、技术比武、劳动竞赛等激发班组员工潜力。

3.搭建班组员工的信息分享平台,搭建知识库,增强学习氛围。

4.搭建班组员工文化墙,张贴班组成员信息,汇总展示班组员工学习成果,营造人人学习的氛围。

第7条　学习积分制度

1.确定积分规则。

① 参加学习活动的班组员工＋5分;

② 代表班组参加竞赛优胜者＋10分;

③ 培训评估优异的班组员工＋5分;

④ 分享读书班组员工＋3分。

2.确定积分奖励:累计学习积分达到500分的班组员工可以兑换企业奖品、技能培训机会等。

第8条　完善学习物资

向企业的培训部门申请学习资料,配备书柜、专业杂志等,让成员有书可读。

第3章　安全型班组团队建设

第9条　明示安全工作内容

在班组的显著位置明示安全工作内容,其内容应当包括但不限于安全操作规范、设备使用注意事项、危险物料防触警告以及操作违章警告等。

第10条　完备安全用品和设施

1.将安全防护用品进行特殊标识,放在班组员工最容易拿取的位置,保证安全。

2.当安全防护用品有使用限制性条件、使用注意规则时,在旁张贴醒目明确文字、图片。

3.确保完备的安全设备和管理措施。

4.确保消防安全通道的畅通。

第11条　安全培训

1.班组长应引导班组员工应积极参与安全工作培训活动,牢记安全工作的重点和安全措施。

2.班组长应做好班组员工的安全知识考核工作,保证培训效果。

第12条　安全宣导

1.班组内应每月至少开展两次安全法规的宣传,强化安全第一、预防为主的思想,其宣传内容应当真实有案例、表达清晰易懂,使用语言、文字、图片或影像等多种形式有利于班组员工的理解。

2.企业召开班组员工家属座谈会,实行亲情帮教,使安全教育生活上有影、规章有条,人人讲安全,人人为安全。

第13条　落实安全管理责任

1.班组长对当前的安全管理状况进行分析,完善生产安全管理制度。

2.班组长建立安全督查小组,以生产安全员为中心形成安全管理体制,对日常生产进行安全检查。

3.每日班会前明确安全管理的负责人,采取班组员工轮岗督查管理,形成组内相互监督意识。

第14条　制定安全应急预案

安全事故发生时,保障作业现场良好的秩序,防止因事故造成人员拥堵、秩序混乱、人身伤害和财产损失。

第4章　节约型班组团队建设

第15条　制定成本控制计划

在班组生产计划下发后,班组长应当制定成本控制计划,确定节约目标和任务。

第16条　强调节约

在班会前后强调成本观念,鼓励节约习惯,规划物料使用,形成节俭氛围。

第17条　开展企业培训

开展企业培训,让班组员工对工作流程的成本核算有所了解,养成大局意识,更好把控成本。

第18条　建立节约基金

建立节约基金,鼓励班组成员自发地去完善节约流程,提高效益。奖励建设性意见贡献者。

第19条　组织竞赛

开展竞赛活动,例如企业成本核算比武,情景模拟生产现场贡献节约措施竞赛等,增加班组员工开展节约工作的趣味性。

第5章 清洁型班组团队建设

第20条 现场5S管理

应引导班组员工根据《班组现场5S管理手册》整顿工作环境和住宿环境,提高生产效率,重点内容如下。

1.区分现场物品的功能,分为生产作业区域工作和辅助生产工具区域,方便物品的拿放。

2.每日生产工作结束后做好收尾清洁措施,清除场地垃圾和废料。

3.每周班组宿舍进行大扫除,养成清洁习惯,保证生活环境舒适。

班组长负责追踪、评估现场5S管理执行的效果。根据执行效果,提出建议,为以后的现场5S管理活动开展提供参考。

第6章 和谐型班组团队建设

第21条 着装统一

应引导所有班组员工做到着装统一、统一佩戴本班组的徽章。

第22条 友爱团结

应引导班组成员之间进行协作时,积极沟通、有效协商、具体问题具体分析,提高协作能力。

第23条 清晰执行班组制度

1.要保证工作的各项行为和班组总目标一致,工作流程和工作方法要与工作目标相协调。

2.工作策略和方法要与企业的其他策略相协调,不能相互矛盾。

第24条 "思想政治教育"培训

引导班组员工积极参加"思想政治教育"培训,做好培训总结。

第25条 团建

组织班组员工参加班组团建活动。

第26条 引导遵守相关规范

引导班组员工遵守《班组成员的行为规范》,避免班组成员之间的恶性竞争。

第7章 附则

第27条 编制单位

本办法由×××车间负责编制、解释与修订。

第28条 生效时间

本办法自××××年××月××日起生效。

编制日期		审核日期		批准日期	
修改标记		修改处数		修改日期	